発達障害の子どもたち、「みんなと同じ」にならなくていい。

長谷川敦弥
野口晃菜［監修］

SB新書
373

はじめに

「先生、どうかうちの息子を普通にしてください」

ある日、僕が教室で保護者面談をしていると、小学2年生のお子さんを持つお母さんが、こんなことをおっしゃいました。

僕が「相談してくれてありがとうございます。でも、どうしてそう思うのですか」と聞くと、そのお母さんはこう続けました。

「うちの子は席にじっと座っていられないし、逆に一つのことに集中し出すとなかなか切り替えられません。すぐに友達とケンカをして、学校でも問題になっているのです。この先、ちゃんとした人に育ってくれるか不安で……」

発達に凸凹《でこぼこ》のあるお子さん向けの教室を運営する当社の現場では、このような言葉を聞くことは決して珍しいことではありません。僕たちの仕事は、そうした悩みに寄り添いながら、お子さんとご家族が幸せになれる方法をともに探っていくことなのです。

本書では、タイトルにもあるように、近年注目されている**「発達障害」という特性のある子どもたちが社会の中でどのように輝いていけるのか**、僕自身の体験談や当社の実践を例にしながらお伝えしていきます。

僕は、「LITALICO」（りたりこ）という会社の社長をしています。

会社全体の事業概要については第5章にまとめていますが、僕たちの会社は、発達に凸凹のあるお子さん向けのソーシャルスキル（コミュニケーション力など）や学習を指導する教室、お子さんの得意を伸ばす「IT×ものづくり」教室、そして働くことに障害のある方への就労支援サービス、障害についての情報をまとめたインターネット事業などを展開しています。

まずは、僕たちが目指す社会像を少しお話しさせてください。

LITALICOは主に、障害のある方々に対するサービスを提供していますが、それらの取り組みはすべて「障害のない社会をつくる」という一つのビジョンの実現へとつながっています。大切にしている価値観は**「障害は人ではなく、社会の側にある」**ということ。

たとえば、今の社会に眼鏡やコンタクトレンズがなかったら、「障害者」としてカテゴライズされる人は相当多いと思いませんか？　でも、今は眼鏡やコンタクトレンズがあるから、視力が悪いからといってすぐに障害だとは誰も言いません。

同じように、発達障害や精神障害といった診断を受けている人だって、集中できなかったりコミュニケーションが難しいときに、それを補うようなＩＴツールや職場環境が当たり前に存在していたら、周囲から「障害者」と思われるような困りごとは随分となくなっていくはずです。

社会の側に、人にある困難を解決するサービスや技術があれば、障害はなくしていける。僕たちはそう信じています。

こうした考えから、「個性を伸ばす教育」と「社会での多様な活躍」をつなげるために、幼児期から大人まで切れ目のないサービスをつくること、さらにはすべての人が自分らしい生き方を実現できる社会づくりを目指して、僕たちはさまざまなサービスを展開しています。

そして本書には、これまでのＬＩＴＡＬＩＣＯの歩みから僕たちが学んできたエッセンスをまとめてみました。本書の構成は次の通りです。

- 第1章　ＡＤＨＤ（注意欠陥／多動性障害）という特性を持つ僕のこれまでの人生を振り返りつつ、人生の転機となった出来事や考え方をまとめています。特に、**ＡＤＨＤの特性が大きな強みになる可能性について、**エピソードを踏まえてお伝えしたいと思います。
- 第2章　発達に凸凹のあるお子さんの力を伸ばす教室での実践と、具体的なお子さんの成長エピソードを踏まえ、**その子の特性への理解と成功体験の重要性、さらにはお子さんを取り巻く環境のあり方**について考えていきたいと思います。
- 第3章　お子さんたちの得意を伸ばす「ＩＴ×ものづくり」教室での実践を通じて、**「好き」や「得意」をさらに伸ばしていく教育の可能性**をお伝えします。

・第4章　働くことに障害のある方々への就労支援サービスの実践から、**個性を活かして働くということ**はどういうことか。また、子育てをする上で大切なことは何かを改めて考えていきたいと思います。
・第5章　家庭での子育てや学校の教育という視点を超えて、**障害のない社会をつくるために必要なこと**、そのために取り組むべきことをまとめました。

この本をお読みになることで、発達に凸凹のあるお子さんにとって大切なこと、さらには、障害のある・なしに関わらず、すべての人が個性を活かして活躍できる社会をつくっていくことに、読者のみなさんが思いを馳《は》せてくだされば幸いです。

長谷川敦弥

目次

第2章 子どもが一番の先生だ！

第４章　「多様性」を力に変えていく働き方

第5章　障害のない社会をつくる

※本書で紹介しているLITALICOのサービス利用者のお名前はすべて仮名にしています。また、実際の事例を参考に、一部再構成している場合もあります。

※本書においては、読者にとってわかりやすい形で理解していただくため、今の時点で最も普及していると思われる障害名・診断名を使用しています。

第1章

ADHDは僕の強み

◉僕はADHDなんだ！

僕は23歳でLITALICOに入社し、24歳のときに代表取締役社長に就任しました。

実は、自分に発達障害の一つであるADHDの傾向があるとわかったのは、入社してからのことです。はっきりとした診断を受けたわけではありませんが、障害者支援をするにあたって、発達障害のこと、ADHDのことを学び、「これは僕のことだ。僕はADHDなんだ」と初めて気がついたのです。それまでは、その言葉すら知りませんでした。

ただ、そのときに知ったADHDの説明に100パーセント納得できたわけではありません。自分が当てはまることがわかった一方で、そのとらえ方に疑問も残りました。

◉ADHDの定義はネガティブすぎる

ここで一度、発達障害について簡単に説明します（さらに詳しい説明については、

第１章末の「発達障害とは」をご参照ください）。

発達障害とは、先天的な脳機能の特性の偏りによって社会生活に困難が生じる障害のことを言います。発達障害には大きく、自閉症、アスペルガー症候群、ＡＤＨＤ、学習障害（ＬＤ）などの種類があります。２００５年に「発達障害者支援法」ができてから、日本でも広く知られるようになりました。

僕の特性であるＡＤＨＤは、日本語では「注意欠陥／多動性障害」と言われています。文部科学省のホームページ上の定義は以下のようになっています。

「ＡＤＨＤとは、年齢あるいは発達に不釣り合いな注意力、及び／又は衝動性、多動性を特徴とする行動の障害で、社会的な活動や学業の機能に支障をきたすものである」

不釣り合いな注意力、衝動性、多動性と、ネガティブな言葉ばかりが並んで、なんとも残念な特性として表現されていると感じました。

確かにＡＤＨＤにはそういう一面がありますが、**その特性が短所になるのか、長所になるのかは環境次第です。むしろ短所と言われているほとんどの特性は、環境次第で長所として活かせる可能性**があると考えています。本章では、僕自身の生い立ちを幼少期から振り返りながら、そのことをお伝えしていきたいと思います。

◉幼稚園から毎日きたクレーム電話

僕は、岐阜県多治見市にある笠原町という人口1万人ほどの田舎町で生まれ育ちました（僕の幼少期は、多治見市に合併されておらず「笠原町」でした）。

この町は、住民同士のつながりがとても強い地域で、地域のみんなが僕のことを知っていると言っても過言ではありません。家出をしても500ｍ先で近所のおじちゃんに捕まって家まで連行されるようなところでした。父親は調理師として近くの病院に勤め、母親は祖父母が営んでいた小さな呉服屋のお手伝いをしながら、僕と弟と妹の3人きょうだいを育ててくれました。僕は、そんなごく普通の家庭の長男として育ちました。

生後4カ月、両親に囲まれている赤ちゃんが僕です

ただし、僕自身が「普通の子」だったかというと、そんなことはありませんでした。幼稚園から高校まで地元の学校に通っていた僕は、いつも「問題児」。幼稚園の年少のときは、わが家には毎日のように幼稚園からクレームの電話がかかってきたそうです。

先生の言うことをまったく聞かないし、一人だけ集団の輪に入らない。みんなで壇上に上がって何かをするときにも、絶対に上がろうとしない。幼稚園を脱走して行方不明になり、先生方や町の人に捜索してもらうこともしばしば。僕のせいで幼稚園のバスが遅れることなど、もはや日常茶飯事だったようです。

研ナオコの物マネをしている写真　セロハンテープで鼻を上向きに（左が僕、右が弟）

それで、先生から「お子さんはいったいどうなっているんですか。家できちんとしつけをされているんですか？」という内容の電話が、いつも母親にかかってきました。一時期はノイローゼになりかけたそうですが、それでも母は「男の子はそのくらい元気で伸び伸びしているほうがいい」という考えを貫き通し、僕のそうした行動についてはほとんど叱ることがありませんでした（うちの母親の自由な子育てスタイルについては、親戚から「野放し保育」などと言われていたそうです）。また、父も僕の好きなことをいつも応援し、とことん気の済むまでやらせてくれました。

近所のみなさんとは、家族で集まってよく一緒にキャンプに行きましたし、お互いの家庭に子どもを預け合うこともしょっちゅうでした。「みんなで子育てしていく」というコミュニティがあったのです。周りのお母さんたちはみんな僕のことをよく知っていましたし、「あっちゃんは元気ないい子」と地域のみなさんが温かく僕の個性をとらえてくれたおかげで、先生以外からクレームがくることは少なく、とても愛されて育ったことをよく覚えています。

◉教室を脱走して野山で過ごした小学生時代

小学校に入ってからも僕は相変わらず自由奔放でした。１年生のときから頻繁に授業を脱走しては、小学校の前にある大きな山の中に冒険にくりだし、給食の時間になったら山から学校に戻り、腹ごしらえをして、給食が終わるとまた山に戻るという学校生活を送っていたそうです。僕は最近この事実を知り、さすがに驚きました。

さらに山でとってきた蛇を学校に持っていって大騒ぎになり、学校中に大迷惑をかけたことも……。これは、実は少しだけ覚えています（笑）。

基本的に室内より外にいることが大好き。特に台風がお気に入りで、台風がやってくると家の向かいの公園に飛び出して行き、思いっきり大声を出したり、一人で騒いだりしていました。普段とは全然違う天気、どんどん変わっていく空気感、自分以外には誰もいない公園や道端がとにかく新鮮で、もしかしたら台風に吹き飛ばされてしまうんじゃないかという状況に、ドキドキワクワクしていたのを覚えています。

登下校でも、普通の道を歩くことはまずありません。毎日のように川の中に入ってはザリガニやイモリを捕まえてランドセルに放り込み、山の中に入ってはヘビを捕まえて振り回し、服も靴もグチャグチャにして帰っていました。

僕の母は、それでも叱りませんでした。どうせ毎日服を破いたり汚してくるので、近所の人からおさがりをいただいたり、たくさんつぎはぎをしたりして着せていたそうです。

教室の中にいるときも自分の席には着かず、お気に入りの子の隣（通路）を陣取り、床に座って好きなことをやっていました。何かを強制させられること、みんなと一緒に何か同じことをするのが苦手だったので、通知表にも「思いやりがない、協調性がない」と毎年書かれていました。

勉強はとにかく国語が苦手。書いてある文章に興味が持てなくて、読んでも読んでも内容が頭に入ってこない。テストで「節子はこの夕日を見てどう思ったでしょう？」と聞かれても「そんなの、節子に直接聞いたほうが早いよ」と考えてしまいます。正解を教えられても、「僕は夕日を見てもそうは感じない……」としか思えず、これは問題の方が悪い！といつも憤っていました。

◉みんなとの違いに苦しんだ中学生時代

それでも小学生までは、僕自身がとにかく楽しく過ごしていたので平気だったのですが、中学生の頃には「どうも自分は変わっているのではないか？」と思い始めるようになりました。

それまでは友達と一緒に野球をして遊んでいるだけで楽しかったのですが、少しずつ同学年の子たちと感性が合わなくなっていったのです。みんなが話すことにまったく興味が持てなかったり、適切な距離感がつかめなかったりしたので、友人関係を上手に築けなくなってしまいました。「みんなと同じ」でないと仲間になれない雰囲気も苦手で、しばらくは自分を騙しながらみんなに合わせてはみたものの、やっぱりうまくいかず、孤独を感じることが多かったように思います。

同級生からも、

「お前は俺たちと違う。いつも気持ち悪いから、お前とは一緒にいたくない」と直接言われ、みんなから一斉に無視されたこともありました。このときが人生で一番悲しかったです。

中学生時代の友人関係は最後までうまくいかず、卒業式の数週間前にも周囲とのトラブルがあり、顔を殴られ、眼底骨折で病院に運ばれたこともありました。落ち込んでいるのを周りに覚《さと》られるのが嫌で、常に元気に明るくふるまうようにしていましたが、心の内では「人生が早く終わってほしい」と願うこともありました。

「なぜ自分だけ友達とうまくいかないのか」「なぜ自分だけがほかの子と違って生まれてきたのか？」と一人で思い悩みましたし、どんどんみんなと違った考えを持つようになったため、「僕は脳の回線がどこか切れているんじゃないか」と半ば本気で思っていました。

その一方で、学校の授業では「多様性が大事だ」と耳にタコができるぐらい聞かされていて、よくクラスのスローガンにもなっていました。ですが当時の僕には、多様性が大事だと思えたことなんて一度もありませんでした。なぜなら、人と違っていることで、悲しい思いしかしていなかったからです。

◉人生の転機をくれた焼肉屋のオーナー夫妻

人生の転機が訪れたのは大学1年生のとき。岐阜県の多治見駅前にあった一軒の焼肉屋さんとの出会いがきっかけでした。僕はそこでアルバイトを始めたのですが、そのオーナー夫妻、パパさんとママさんは常に僕のことを全面的に褒めてくれたのです。「あつみくん、いい声をしているね」「思いやりがあるな」「お客さんに好かれる」「弁も立つ」「あつみくんは頭の回転が速いね」「明るいところがいいよ」などと、毎日のように言ってくれました。パパさんとは休憩中にいつも一緒にコーヒーを飲んでいたのですが、そのときにも「あつみくんには何か欠点がないのか、良いところしかない」と言われるのです。これだけ褒められ続けたのは生まれて初めてのことでした。

僕は驚くとともに、オーナー夫妻のためにもっと頑張りたいと強く思うようになったのです。

ある日、パパさんママさんとお店でまかないを食べていたときのこと。2人がポロッと「もっとお店に団体客を集めたいな」とつぶやくのを聞いて、突然、無性に行動したくなりました。

そこで僕は、頼まれもしないのに「団体客割引キャンペーン」について提案し、パパさんにチラシを作ってもらい、「団体客は誰か？」「うーん、たぶんサラリーマンだ」「サラリーマンはビルの中にたくさんいるぞ！」と考えて、多治見市内のオフィスビルを上の階から下の階まで順に回っていったのです。

スーツを着て一社一社飛び込み営業をしていくのですが、なんで焼肉屋が突然来たのかと、みんな呆気にとられていました。「仕事の邪魔だから帰ってくれ」と追い払われることもありましたが、おもしろがってくれる会社の方もそれなりにいて、最終的にはそのキャンペーンを利用して、けっこうな数の団体客が来てくれました。

パパさんママさんは「あつみくん、飛び込み営業なんて本当にやったの？」と驚いていましたが（笑）、そこでもまた、「あつみくんはすごいね！　普通は思いついてもやらないよ」「やっぱりあつみくんは行動力がある！」とベタ褒めしてくれました。

また別のある日、パパさんママさんが「優秀なアルバイトさん、増えないかな」とポロっとつぶやきました。それを聞いた僕は、また突然行動を始めます。アルバイト募集のチラシを駅前で配ったり、時には混雑した電車の中で話が合いそうな学生に声をかけて勧誘したりしました。車掌さんに見つかったときには、ものすごく怒られて危うく追い出されそうになりましたが、このときの僕のチラシがきっかけで吉川くんという学生がアルバイトの仲間になってくれました。

ほかにも、お祭りのときには韓国料理のチヂミの出前屋台を用意して町に繰り出すなど、アイデアをどんどん実行に移していました。

そうするとまた、パパさんママさんが「あつみくんすごいね！　経営の才能もあるかもしれない」と褒めてくれるわけです。アイデアを次々と実行に移していくうちに、ただ褒めるだけでなく、お店の売り上げの集計を任せてくれるなど、権限もどんどん与えてくれるようになりました。大学時代は、この焼肉屋さんで働くのが楽しくてたまりませんでした。

そして、僕が大学2年生のときには2人が

「あつみくんにはもしかしたら世界を良くする力があるかもしれない」

「もしかしたら日本を背負っていく人になれるかもしれないよ」

「東京かニューヨークに行ってみなさい」

「自分の可能性をみてみなさい」

と言ってくれました。ただ、とても嬉しかった反面、どこか受け入れられないところがあったというのが正直なところです。だってこれまでの学校での評価とはまるで違い過ぎたから。中学・高校を通して周囲から批判され続けていた僕は、他人の評価に対してものすごく疑い深くなってしまい、せっ

焼肉屋でパパさん、ママさんと。大学1年生のアルバイト時

かく僕の可能性を信じてくれた2人の言葉を、しばらくは信じることができませんでした。

だけどこの2人は、本当にしつこく何度も何度も「あつみくんには可能性がある」と言い続けてくれたのですね。しまいに僕は、「毎日毎日、本当にうるさいなー」と話を聞かなくなったぐらいです。

どうしてそこまで僕なんかの可能性を信じてくれるのか。不思議に思った僕は、あるとき2人にこうたずねます。

「パパさんとママさんは、なんで僕のことをそこまで評価してくれるんですか？」

すると2人は答えました。

「私たちは、今まで何百人もバイトさんを見てきたけれど、あつみくんは明らかにみんなと違っている。だからもしかしたら、世界を良くしていくような特別な才能があるのかもしれない」

これを聞いたとき、僕の心に電撃のようなものが走りました。

なぜなら僕にとって**「人と違う」ということはずっとネガティブなこと**だったので

す。違うことによって苦労しかしてこなかったし、悲しい思いばかりでしたから。でもこのとき初めて、**「人と違っているということは素晴らしいことなんだ。才能になり得るんだ」**と僕自身が実感できたのです。

学校ではいつも一人だけほかの人と違う行動をすることで、「あつみは思いやりがない」「自己中だ」「もっと空気を読むべきだ」と、欠点ばかり指摘されていました。学校の評価基準では、和を乱すことは優しくないこと、自己中心的なことだったのです。でも、この焼肉屋でアルバイトを始めたら180度違う評価を受けたわけです。**「〝独創的に考え、リスクを恐れず、すぐさま行動できること〟は素晴らしい才能なんだ」**と。

この頃から、自分の特性がだんだんと好きになり、自分の良さを活かして生きることに大きな意欲を持つようになりました。そういう体験をさせてくれた2人に心から感謝しています。

ここでのアルバイトをきっかけに社会を良くする起業家になろうと決意し、僕は大学をいったん休学して東京のＩＴベンチャー企業へインターンに行くことを決めました。

夜行バスに乗って東京に出発する直前に、最後に焼肉屋に寄ろうと思い、ちょうど営業時間中のお店に入っていきました。本当はゆっくり挨拶したかったのですが、お客さんがたくさんいたため、厨房で働く2人の側に立って、

「パパさん、ママさん、今から東京に行ってきます！　頑張ってきます！」と挨拶しました。すると2人は、「頑張ってきなさい。餞別だ！」と僕に支度金まで渡してくれたのです。

そしてお店を出ようとしたときに、ママさんが突然泣き出し、涙ながらに見送ってくれたことは今でも忘れられません。親以外で僕のために泣いてくれた初めての人でしたから。そこまで深い愛情を持ってくれている人が、僕の人生を第一に考えて、「お店を辞めて東京へ行きなさい」と送り出してくれたことには感謝しかありません。

僕にとっては、この焼肉屋が一番の学校であり、2人が最高の先生でした。

◉世の中を良くするために人生を使いたい

僕はその後、東京のＩＴベンチャーでインターンとして3年間働きました。ちょうど20～22歳のときです。最初の1年は持参してきた寝袋で会社や寮に寝泊まりしながら働いていました。子どもの頃からパソコンには興味が持てず、インターネットなんてほとんど触ったことがなかったし、タイピングもまったくできない状態で入社したため、一つの資料をつくるにもみんなの10倍時間がかかる始末。わからないことを先輩に聞いても「ググれ！（Ｇｏｏｇｌｅで調べろ）」と怒られるし、目の前にいるのにチャットで話しかけられるし、もうカルチャーショックの連続で散々な毎日でした。

ただ、あそこまで僕に期待をかけて送り出してくれたオーナー夫妻の気持ちには何としてでも応えたかったので、それが支えとなって歯を食いしばってでも頑張りました。そして次の2年間は名古屋と東京でカプセルホテルに泊まる生活をしながら、社会を良くするために自分ができることを模索していました（ちなみに名古屋の「ウェルビー」というカプセルホテルです。お勧めです）。

このＩＴベンチャーで3年間働いてみて感じたこと。それは「ビジネスや技術の力で世界は変えていける」ということです。しかも、若い人でもそうしたチャレンジができる時代が到来したということを実感し、感動しました。

一方で、多くのＩＴ企業と関わる中で、僕の感性と違うところも多く発見できました。特に、当時のインターネット業界にありがちだった「利益になるなら何でもやる」というような企業姿勢には共感できず、自分が進むべき道は違うと徐々に感じ始めました。

僕は、世の中を良くするためにこそビジネスや技術の力を使っていきたい、そういう生き方がしたい、と強く意識するようになったのです。

◉重度障害者の入所施設で出会った女性

そんな時期に、友人の紹介で、重度の身体障害のある方の入所施設を見学に行く機会がありました。そこで僕はある女性に出会います。僕が22歳、彼女が20歳ぐらいでした。彼女は生まれつき脳性まひという身体障害があり、長い期間を入所施設で暮らしていました。

彼女は出会ったときから笑顔が素敵な人でした。頭につけたヘッドギアを器用に動かし、ヘッドギアにつけた棒で文字盤を指しながらコミュニケーションを図り、たくさんの冗談を言って僕らを明るい気持ちにさせてくれました。

彼女は1日1～2時間ほどデータ入力の仕事をしており、毎月2000円ほどの収入の多くを貯金し続けていました（2000円は日給ではなくて月給です！）。そのお金を何に使うのか気になった僕が、

「お金を貯めて、嵐のコンサートにでも行くの？」

と聞くと（彼女はアイドルグループの嵐が大好きで、部屋にはポスターがたくさん貼ってありました）、

「両親が来てくれたら、プレゼントを買いたいから……」

と言うのです。そんな彼女の答えを聞いて、僕はなんて心の優しい女性なんだろうと感じ入りました。一方で彼女は、障害があることによる苦労や悔しい現実もたくさん教えてくれました。彼女の素敵な人柄に触れながら話を聞いていくうちに、僕は

「障害があっても幸せになれる社会をつくりたい」

「彼女も両親も、両方が幸せになれる社会をつくりたい」

そう心に決めたのです。

◉「ハンター・ファーマー仮説」に納得

その後、大学を卒業して、僕は障害者の就労支援を行っているＬＩＴＡＬＩＣＯに入社しました。

そこで障害者支援サービスを進めるにあたって、僕たちは何人もの発達障害の専門家の方々に会い、論文や研究成果をいろいろと調べていきました。その中で一つ、僕の感覚にジャストフィットした見方と出会います。

アメリカ人のトム・ハートマンというジャーナリストが掲げた「ハンター・ファーマー仮説」です（ハートマン氏にはＡＤＨＤと診断された息子さんがいます）。彼はなんと、ＡＤＨＤとは、大昔の「狩猟民（ハンター）」の生き残りが持っている特性だと主張しています。農耕社会が始まる前、日本でいえば縄文時代に栄えていた狩猟文化の遺伝子を受け継ぐのが、ＡＤＨＤ傾向の人々だというのです。

たとえば先ほどの文部科学省の定義にあったように、ＡＤＨＤは衝動的で多動性があり、注意散漫なのですが、そうした特性はすべて狩りに役立つものだとハートマン氏は言います。

- 草原・森・密林で狩りを成功させるには、すぐに注意を散らし、絶えず周りに目を配らなくてはならない。
- 同時に多くの作業をこなし、複数の獲物を追いかけられなくてはならない。
- 危険を冒すことを恐れてはならない。狩猟社会に危険は必須である。
- ある動物を追いかけはじめてから別のチャンスに巡りあったら、すぐさま（衝動的に）コースを変更して新しい獲物を追うよう決断できなくてはならない。

（『なぜＡＤＨＤのある人が成功するのか』トム・ハートマン著　明石書店）

はるか以前、世界中でハンターたちが狩りをして生活していたときは、「すぐに注意を散らせること」「同時に多くの作業をこなせること」「冒険を恐れないこと」「衝動的に動けること」といったＡＤＨＤの特性が有利に働いていたというのです。

しかしその後、農耕社会が訪れるとともに狩猟民族がいなくなり、同時にＡＤＨＤが減っていった、というのがハートマン氏の大胆な仮説です。

僕はわが身を振り返って、この仮説に強く共感しました。なぜなら、僕は間違いなく、ハートマン氏の言う「ハンター」なのです。幼稚園や小学校を抜け出して外へ行くワクワク、高いところから身を乗り出すドキドキ、台風に飛ばされるのではないかというスリルがたまらなく好きで、毎日のようにヘビやザリガニ、イモリなどを捕まえて遊んでいた自分は、きっと狩猟民のＤＮＡを持っているのです。

しかし、ＡＤＨＤの特性は狩りにだけ有効なのでしょうか。現代社会を生き抜く上では役に立たないのでしょうか。そんなことはありません。ここからはＡＤＨＤが現代でもいろいろとプラスに働くことをお話しします。

◉ＡＤＨＤに向いている職業

前述したように、僕は大学を休学して、あるＩＴベンチャー企業で3年間、イン

ターンとして営業職を経験しました。営業のことも、商品のことも、専門知識なども
まったく知らずに働き始めたので、最初は苦労もしましたが、最終的には21歳で社内
のトップ営業の仲間入りを果たしたのです。

もちろんたくさん努力もしたのですが、ADHDの傾向がその努力を成果につなげ
てくれていたように思います。**ADHD傾向だと、注意散漫の裏返しで全方位的に関心が向かう**ので、ターゲットの範囲が広く、実際にいつも数多くのクライアントを意識していました。また、営業で大事なのはタイミングで、このクライアントが契約してくれるのは今しかないという時機が必ずあるものですが、僕はそのタイミングを逃さず、目指すべきクライアントにぐっと入りこんで、大型受注を得るのが得意でした。

ハートマン氏も、ADHDは営業に向いていると言っています。

「セールスではつねに何か新しいことが起こり、チャレンジとリスクの両方が大きい。内面のモティヴェーションが必要で、出かけて行き、動き回らなくてはならない。セールスをするひとは自分で時間をかなりコントロールできるが、これはまさしく狩りである！」（『なぜADHDのある人が成功するのか』トム・ハートマン著　明石書店）

新しいものが好きなのもＡＤＨＤの人によくある長所です。ＡＤＨＤの人の多くは、単調なことには退屈しやすく、常に新しいものを探し求めています。ジャーナリスト、カメラマン、研究者や芸術家など、新しいものを追求する創造的な仕事も、ＡＤＨＤ向きだと思います。大企業の中にだって、営業のほかにも、新規事業開発をはじめとしてさまざまな活躍の場を見出すことができるかもしれません。

また、これは僕の肌感覚ですが、ＡＤＨＤの中には話すのが得意な人が多くいます。ちょっとした出来事の中から刺激的な要素を発見することが上手で、おもしろい発見をドラマチックに表現するのを好む傾向があり、メリハリをつけて話すため結果的に人が聞きやすい話し方を身につけている人が多いのです。ですから、講師や司会者、ラジオのパーソナリティー、漫才師など、話すことを生業とした職業もＡＤＨＤの人には向いているかもしれません。

◉起業家の多くはＡＤＨＤ傾向がある

新しいもの好きで行動力があって、話し上手。これらＡＤＨＤの特性すべてが活きる職業があります。それは、まさに僕自身の仕事である「起業家」です（厳密には、僕自身は新卒で入社後、社長業を引き継いで起業はしていませんが、新たな事業を起こしていった経緯から便宜上、「起業家」と称しています）。

ハートマン氏は、その著書の中で、「個人主義の強い意識、高い創造性、物事を始める能力を持つことの多いADHDハンターは、非ADHDファーマーより、自分の会社を所有する率が高い」と断言しています。

僕は起業家の友人や知り合いが多く、個人的な実感としても、そのうちのだいたい70%にはADHD傾向があると考えています。もちろんADHDには強弱がありますし、性格は一人ひとり違いますが、とにかくハンター気質の起業家に出会うことが多いのです。

中には、自らのADHDを自覚していて、そのことについて僕とよく語り合っている起業家仲間もいるくらいです。

また、有名起業家の本を何冊か読んでいると共通点が多く、よく「思いついたら即行動すべし」といった文脈に出会っています。また新しいものに対して感度が高い人も多く、そういう発見がビジネスの種になっていますし、ビジネスのアイデアを発見したら、それがいかに成功しそうであるかをうまく伝え、仲間集めや資金調達に役立てています。

ソフトバンクの孫正義社長も、みなさんご存じの通り大変行動的な方で、噂にきくと、毎年「今は10年に一度のチャンスだ」と言って一大事業が始まっているそうです(笑)。

また、楽天の三木谷浩史社長も『ファースト・ペンギン　楽天・三木谷浩史の挑戦』(大西康之・著、日本経済新聞社) という本の中で、自身に「ＡＤＨＤの傾向があるかもしれない」と自己分析しています。

同書によれば、三木谷氏の口からは、ＬＣＣ (格安航空会社)、教育、農業、プロ野球など「次から次へと多種多様な話がマシンガンのように飛び出す」と描写され、しかも前置きなしで話が出てくるので、周囲を置いてけぼりにすることもしばしば。「三木谷の頭の中では、同時に何本もの列車が走っているのだ」と語られています。

小学校１年生からアメリカで過ごし、３年生から日本の小学校に通い始めた三木谷氏は、授業中も、大人しく座っていられずにフラフラ歩き回ってしまうお子さんだったそうです。発達障害への理解もなかった当時、廊下に立たされることも多く、学校では「立たされ坊主」で有名だったとか。

僕は大学生時代、そうした本を何冊も読んで、「起業家はみんな、僕と同じような傾向を持っている」と嬉しくなり、自分も起業家に向いているのでは、と自信を得たことを覚えています。

なお、これまでの僕の経験から言えば、アスペルガーの特徴を持った起業家も多くいます。**アスペルガーには、自分で定めた独自ルールへのこだわりが強いという特徴**があります。**ADHD傾向の起業家は事業を多角的に展開していく人が多い一方で、アスペルガー傾向の起業家は、単一事業展開で一つのプロダクト（製品や生産物など）を完璧にする**ことに異常に執着する人が多いのです。たとえば、こだわりのコーヒーをつくり続けるとか、こだわりの野菜を世の中に広げるとか芸術的な建築物を世界に広げるといった形で成功している人もいます。

起業家には、発達障害の傾向のある方が本当に多いと思います。

◉ADHDは、刺激が好き

そして、これは僕の個人的な見解ですが、僕自身はADHDをかなりシンプルにとらえていて、ADHDの短所も長所もたった一つの原則がベースになっているのではないかと思っています。

それは、**ADHDは「刺激が好き」**だということです。とにかくいつも、ドキドキワクワクしたいと思っているのです。

ADHDが衝動的で、多動性があって、注意散漫なのは、常に刺激を求めているからです。何かがおもしろそうだと思えば、衝動的に行動を起こしてしまいます。行動を起こすのを何とか我慢できたとしても、確実に今やっている作業がおろそかになります。向こうの刺激が気になって仕方がないのです。

たとえば漢字を何回も繰り返し書いたりするような単調な作業は、刺激が少ないから嫌いですし、つまらない話を聞きながらぼーっとしているのは、刺激的でない状態が続くので、苦痛で仕方がありません。

ですから、**ＡＤＨＤのお子さんが教室を飛び出してしまうのは、簡単に言えば、授業が刺激的ではないから**なのです。刺激が好きだからこそ、退屈を許容できないのです。

一方で、ひとたび自分が「おもしろい！」と思えば、その話をずっと集中して聞いていられます。「おもしろい話」というのは、自分にとって刺激でいっぱいだということです。同時に、自分が集中していられる状態そのものが刺激的なため、ますます集中力が高まって没頭することができるのです。

また、**「創造的」「行動力がある」「話し上手」「新しいもの好き」といったポジティブな特性も、すべて刺激が好きだからこそのメリット**です。

営業として新しい顧客を獲得するのも刺激的な毎日ですし、刺激的だからこそ新しいことを追求し続けて、創造性を高めることができます。

思い立ったら途端に行動するのも刺激的だからです。

生きている中で自分が感じた刺激を、相手にしっかり伝えたいから、話す内容もメリハリがつきわかりやすくなります。

◉ADHDの弱点を補う工夫

とはいえもちろん、ＡＤＨＤの特性によって、生活や仕事で困ることがないわけではありません。でも、**自分の特性を正しく知れば、対処法はある**ものです。大人になってから、僕はＡＤＨＤの長所を生かすだけでなく、いろいろと短所を補う工夫をしてきました。

たとえば僕は耳で聞くのが苦手で、口頭で報告を聞いたり、頭の中だけで考えたりすることが苦手です。その代わり、目で物事をとらえるのが得意なため、常にノートを持ち歩いて情報を視覚化するよう心掛けています。僕の部屋や社内の会議室には全面にホワイトボードを取り入れ、視覚的に表現しやすい環境をつくっています。これは僕に限らず、みんなにとっても便利な工夫です。

また、ものづくりのように正確さが求められる作業も、得意ではありません。繊細さを求められる仕事や、デザインの仕事も心底苦手です。こうした僕が苦手なことは、できるだけ得意な社員に任せるようにしています。その点、社長というのは、自分が苦手なことをほかの専門家に任せて、得意なことにフォーカスできる幸せなポジションだと思います。

また、せっかちな性格が災いして、衝動的にパッと物事を決めてしまって後悔することがこれまでに何度かありました。ですから最近は、会社の経営陣である役員メンバーには冷静で緻密に意思決定できる人に参画してもらい、彼らの意見を最終的に聞くようにしていますし、熱くなった自分をいったん抑えて、十分に自分を冷静にさせてから決断することを習慣づけています（それでもときどき、自分の衝動性が勝って周りの言うことを聞かないことがありますが……）。

それから、子どもの頃から変わらず大きな集団の中で一方的な話を聞くのは苦手です。耐えられなくなり、すぐ脱走して周りを不快にさせてしまいます。だからそういう場には一切行きません（笑）。聞く必要があった場合は後から誰かに聞くか、議事録で見るようにしています。

それに僕は社員と同じ部屋で働いていると、まったく集中できません。あちらのほうで何人かの社員が「トラブルが起きた」と話していれば、それが気になって仕方がなくなってしまいますし、「新しい技術ができた」と小耳に挟んだら、その話題にどうしても加わりたくなるのです。会社のことにはすべて興味が湧いてしまうので、本当に集中したいときは在宅勤務で自宅にこもって働いています。

ここで僕が言いたいのは、**持って生まれた性格や特性は変えられなくても、環境や習慣は変えられる**ということです。

特に発達障害の人々にとっては、このようにして自分に適した環境をつくることが大切です。なにも個室を用意できなくても、防音効果のある「イヤーマフ」を使うなどすれば、比較的、集中して仕事をすることができるでしょう。

自分に合った環境を整えることさえできれば、その特性は「障害」ではなくなるのです。

◉学校は、広い世界のほんの一部でしかない

僕が社会に出てわかったことは、**世界にはさまざまな企業があり、いろいろな働き方があって、僕のようなタイプだって楽しく働ける職場、職種がいくつもある**という

ことです。

僕が子どもの頃、20年ほど前までは、パソコンやゲームが大好きな子どもたちの才能はそれほど評価されていませんでした。パソコンオタクやゲームオタクの子は、どちらかというと学校にうまく馴染めない子が多かったように思います。

でも、現在のＩＴ業界ではそういう人たちが大活躍しています。

また、昆虫をとことん研究し続けた結果、大学の教員や研究者になって活躍している人もいます。

引っ込み思案だけど文学が大好きだった少女が、小説家として活躍することもあります。

自閉症傾向の人の独特の色彩感覚が、芸術的な絵画や建築物を生み出し、世界中から高く評価されているケースだってあります。

ほかにも、今の学校教育の枠組みの中では評価されにくい才能を持った子どもたちが、本当にたくさんいます。

僕自身、子どもの頃は学校がこの世界のすべてで、学校で評価されないと社会では評価されないと思い込んでいましたが、まったくそんなことはなかった。僕が考えていた以上に世界はずっと広く、多様性に満ちていて、むしろ広い世界から見れば、学校というのは特殊な環境の一つでしかないと気づいたのです。

だから僕は今、子どもたちに伝えたい。

「今、学校が苦しかったとしても、自分と世界の可能性をあきらめないでほしい。今の環境がすべてじゃない。今の友達がすべてじゃない。今の先生がすべてじゃない。たまたま与えられた、この瞬間の環境だけで世界に絶望しないでほしい。世界は本当に広いから、きっとどこかに自分が輝ける場所がある。自分を好きになってくれる人にも、自分が信じられる人にも、いつか必ず出会える。ありのままの自分を大切にして、自分だけの道を歩んでほしい」

僕は、子どもたちの誰もが、自分の個性を活かして輝ける社会をつくりたい。僕のことを信じて社会に送り出してくれた焼肉屋のパパさんママさんのように、子どもの良い面に注目して、その可能性を引き出し伸ばしていけるような教育のあり方や、才能を活かした働き方のモデルを、もっともっと増やしていきたい。そう思っています。

第2章以降では、ＬＩＴＡＬＩＣＯの取り組みを紹介するとともに、さまざまな個性を持った子どもたちが、どのように自分に合った学び方や働き方を見つけていったかを、お伝えしていこうと思います。

コラム１　発達障害って何？

解説：野口晃菜

第１章では著者の長谷川自身の特性が書かれ、次の第２章からは「発達障害」のあるお子さんたちの事例が登場します。ただしこれらはあくまでも一例です。発達障害の特性は人によって本当にさまざまです。そのことを踏まえてもらいながら、このコラムでは、発達障害の定義について紹介していきます。

●発達障害の定義

「自閉症、アスペルガー症候群そのほかの広汎性発達障害、学習障害、注意欠陥多動性障害、そのほかこれに類する脳機能の障害であってその症状が通常低年齢において発現するもの」（平成16年に公布された「発達障害者支援法」より）。

53ページで発達障害の分類を図解しています。大きく分けて「広汎性発達障害（ＰＤＤ）」「ＡＤＨＤ（注意欠陥／多動性障害）」「学習障害（ＬＤ）」の３つです。

次に、「広汎性発達障害（ＰＤＤ）」の中でも代表的な「自閉症スペクトラム障害」について、さらに「ＡＤＨＤ（注意欠陥／多動性障害）」「学習障害（ＬＤ）」「知的障害」の計４つの発達障害について解説していきます。

●発達障害の種類

①自閉症スペクトラム障害（ASD: Autism Spectrum Disorder）

最近は自閉症とアスペルガー症候群を連続体としてとらえるようになり、「自閉症スペクトラム障害」（スペクトラムは連続体という意味）と呼ばれています。

自閉症スペクトラム障害の特性としては以下の三つの特性があると言われています。

・**社会性の特性**――状況や文脈を推測・理解することに困難があります。相手の意図をくみ取ることなどが難しく、一方的な関わりになったり他者に興味を持たず関わりが少なかったりします。

・**コミュニケーションの特性**――自分の伝えたいことを言葉にして伝えたり、相手の言っている言葉を解釈し理解したりすることの困難があります。言葉づかいが独特だったり、気持ちがこもっていないように聞こえたりすることもあります。

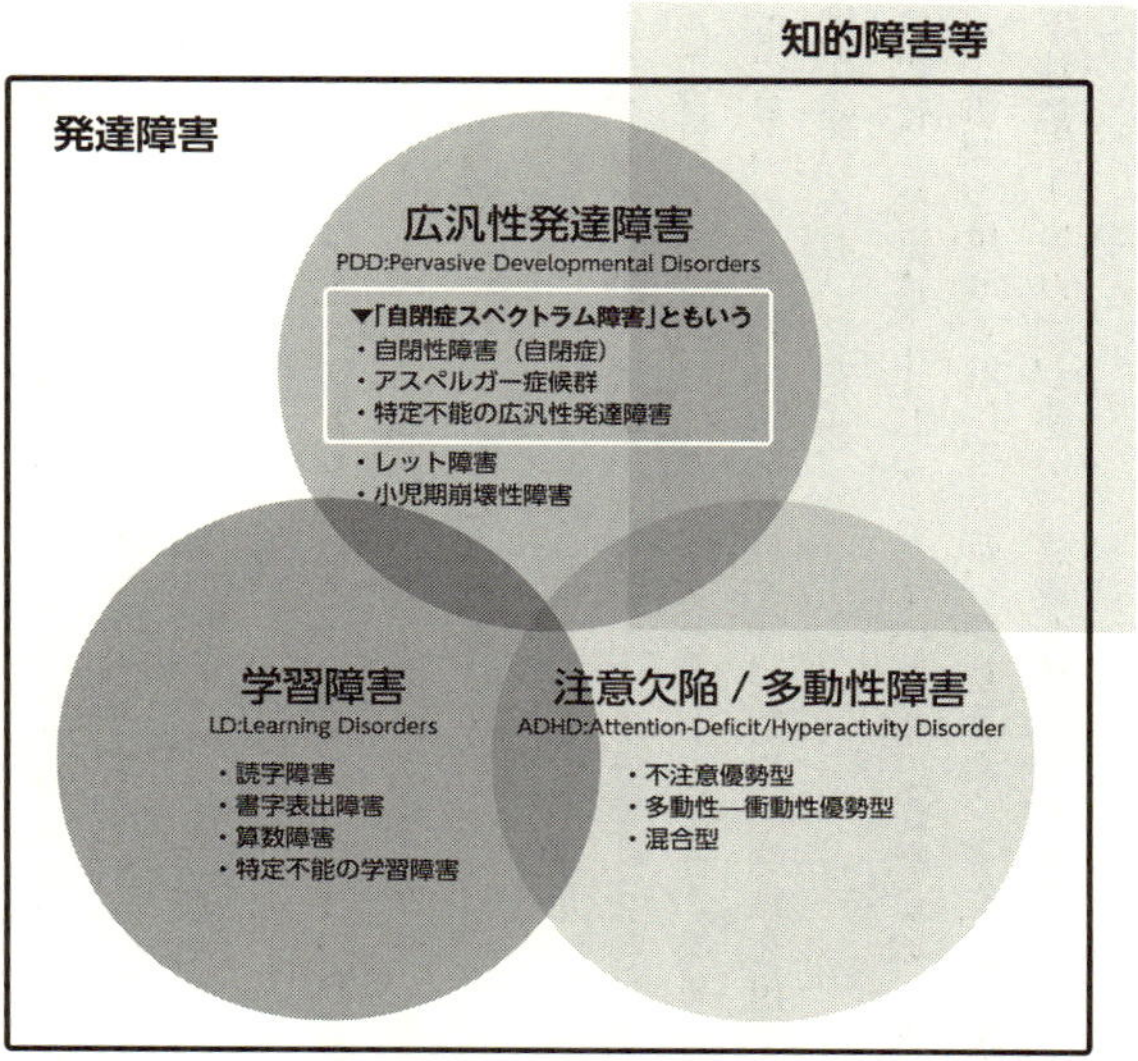

※この図は、IDC-10（国際疾病分類第10版）とDSM-IV-TR（精神疾患の診断・統計マニュアル）を参考にして作成した概念図です。

・**想像力・こだわりの特性**――「こうなったらこうなる」などと推測することが難しく、同じルーティンや行動パターンを好みます。そのため急な予定の変更が苦手だったり、一度決めたことを変えたりすることに対する抵抗感が強い傾向にあります。

そのほか、感覚に対する過敏さや鈍麻さの特性のある方も少なくありません。特定の音を聞くことや水に触れるなどを痛いと感じたり、逆に、通常では痛いぐらいの刺激を痛がらなかったりすることもあります。

②注意欠陥／多動性障害（ADHD：Attention-Deficit/Hyperactivity Disorder）

ＡＤＨＤのある人には主に以下の２つの特性があると言われています。それぞれの特性に見られる行動の例を挙げます。両方の特性を併せ持つ人もいれば、どちらかの特性が強い人もいます。

・**多動性・衝動性**――じっとしていることが難しい、刺激に対して衝動的に行動をする、質問が終わる前に答える、順番を待つことが困難など。

・**不注意**――忘れ物が多い、注意を持続させることが困難、整理整頓が困難など。

③学習障害（LD：Learning Disorders または Learning Disabilities）

学習障害とは、全般的な知的発達に遅れはないものの、「聞く・話す・読む・書く・計算する・推論する」などの特定の能力を要する学習が極端に困難な状態を指します。

たとえば、読み書きに障害のある場合は、

- 文字を読むときにまとまりとして読むことが難しく、一文字ずつ読む
- 何度練習をしても漢字を書くことができない
- 文字がひっくりかえって見える

などの困難があります。

④知的障害（Intellectual Disabilities）

全般的な知的発達の遅れがあるため、文字を通して学んだ知識を生活に応用することや概念の理解をすることが難しい障害です。自閉症と知的障害を併せ持つ方も多くいます。

発達障害はスペクトラムである

ここまで読んで、「私もそうかもしれない」と感じる人も、「私は全部当てはまる」

という人もいるかもしれません。

明確に「ここからここまでが発達障害で、ここからここまでは発達障害じゃない」という境界線はありません。発達障害は連続体なのです。また、53ページの図を見ると、それぞれの障害が重なり合っていることがわかりますよね。

いくつかの障害特性を併せ持っている人も少なくありません。だからこそ、**「障害名」と向き合うのではなく、そのひとりと向き合い、その人の特性を知ることで、ともにやりたいことを実現していき、困難を解決していくことが大切**なのです。


【参考文献】・アメリカ精神医学会・著（2013）、日本精神神経学会・監修、高橋三郎ほか6名・翻訳（2014）、『DSM-5 精神疾患の診断・統計マニュアル』、医学書院
・アメリカ精神医学会・著（2000）、高橋三郎ほか2名・翻訳（2003）、『DSM-Ⅳ-TR 精神疾患の診断・統計マニュアル』、医学書院
・世界保健機関（1990）、融道男ほか4名・翻訳（2005）、『ICD-10 精神および行動の障害―臨床記述と診断ガイドライン』、医学書院
・田中康雄（監修）（2014）『発達障害の子どもの心と行動がわかる本』西東社

第2章

子どもが一番の先生だ！

◉周囲から見る「困った子」は、実は「困っている子」

「幼稚園でもずっと一人遊びをしていて、友達と全然関わろうとしないんです」
「新しい場所に行くと、すぐにかんしゃくを起こしてしまって、困ります」
「授業中すぐに立ってふらふら歩いてしまって、周りに迷惑がかかっています」
「いつも字がぐちゃぐちゃで、漢字も全然書けないんです。このままでは授業についていけるか心配で……」

僕たちのもとには、日々、わが子の発達が気になる親御さんから、たくさんの相談が寄せられます。

学校の先生や同級生の保護者から、その「問題行動」を指摘され、肩身の狭い思いをしていたり、インターネットで発達障害に関して調べてみたところ、不安をあおるような情報ばかりでますます暗い気持ちになってしまったり……わが子のことを考えれば考えるほど、ネガティブな泥沼にはまっていきそうで、悲痛な表情を浮かべながら教室にやってくる方も多くいます。

ですが、そうやって周囲から指摘されるその子の「問題行動」は、本当に「問題」

なのでしょうか。

もしかしたら周囲の関わりやその子の過ごす教室こそが、その子にとって耐えがたい環境なのかもしれません。

そう考えると、周囲から「問題児だ」「迷惑な子だ」と言われているその子自身が、どうしたらいいかわからずに、実は一番「困っている」可能性があります。

子どもたちはみんな一人ひとり違っています。それなのに、**みんな同じ方法、同じペースで学ばせようとするから、その方法が合わない子が困ってしまい、「問題」が生まれる**のです。

「みんな違っている」ことを当たり前の前提にして、一人ひとりに合った学び方を探していけば、誰もが自分らしく、自信を持って成長していけるはずです。

そんな思いで運営しているのが、ソーシャルスキル＆学習教室の「ＬＩＴＡＬＩＣＯジュニア（以下ジュニア）」です。首都圏と関西に合わせて70教室以上展開しており、そこには約８０００人のお子さんが通っています。

実は現在約５０００人のお子さんが、ジュニアの入会待機をされている状況です。

僕たちとしては教室をもっと増やしていきたいのですが、それには先生の人材育成に時間がかかるといった事情があって、教室を増やすペースが入会希望者の増加ペースに追いついていません。この点はまだ僕たちの力不足なところです。

ジュニアの入会を待つお子さんは氷山の一角で、さまざまな困難を抱えたままのお子さんが全国にもっとたくさんいることでしょう。発達障害のあるお子さんの教育問題は、保育園の待機児童問題に匹敵するほどの大きな社会課題です。それなのに、ジュニアと同じようなスクールは日本にはまだまだ少ないのです。これは僕たちだけでどうにかできるものではありません。さまざまな組織が協力して解決していかなくてはならない社会全体の課題だと考えています。

この章では、ジュニアの活動を通して、僕たちが発達障害のあるお子さんの学ぶことへの困難をどのように解決しているかをお伝えしていきたいと思います。

僕たちがお子さんと向き合う上で特に大切にしている3つのポイントがあります。

①お子さんの特性をより深く「知る」こと

②個別最適な方法でお子さんの「成功体験」を積み重ねること

③お子さん本人だけでなく、周囲の「環境」も変えていくこと

本章では、この3点を中心に紹介していきます。

①お子さんの特性を深く「知る」ことが第一歩

たとえば、「授業中にじっとしていることができず、すぐに立ち歩いてしまう」というお子さんがいたとします。そのまま放っておくと周りの子たちの授業の妨げになることもありますし、何より本人が勉強に取り組めていませんから、先生や親御さんとしては「困った行動だな」と悩むことでしょう。

ですが、頭ごなしに「座りなさい！」と叱りつけたり、「あの子はADHDだから」などとその子を発達障害の診断名でとらえてみても、事態はほとんど好転しません。なぜなら、同じ「立ち歩く」という行動一つをとっても、お子さん一人ひとり、その要因は異なるからです。

もしかしたらその子は、目に入ってくる刺激に非常に敏感で、教室の掲示物や窓から見える景色が気になって仕方がないのかもしれないし、長時間の注意・集中が難し

くて、どうしても途中で休憩したくなっているのかもしれません。

あるいは、学校の授業内容にまったく興味や関心が持てなくて、座っている時間が苦痛で仕方ないのかもしれません。

さらには、何か先生や友達に訴えたい気持ちがあるのだけれど、それをうまく伝えられずに、立ち歩くことで周りの注目を引こうとしているのかもしれません。

このように、同じ「立ち歩き」行動でも、その背景となる要因にはさまざまなものが考えられますし、要因が異なれば、その問題を解消するための対策もまったく変わってくるのです。

余談ですが、こうした分析が役に立つのは、なにもお子さんの問題行動について考えるときだけではありません。

たとえば、自分の夫が「毎日遅い時間に帰ってくる」ことをなんとかしたい、と思ったときにも、そもそも残業の多い会社なのか、頼まれた仕事をうまく断れないからなのか、飲み会が多い部署なのか、仕事のスケジュール管理が苦手なのか、それとも奥さんがこわくてまっすぐ家に帰りたくないからなのか（笑）。その背景要因に

問題行動の分析イメージ

行動①　授業中に立ち歩く

行動②　毎日遅い時間に帰ってくる

行動一つとっても、考えられる要因はさまざま

よって取るべき対策はまったく変わってきます。

僕たちの教育サービスは、そんなふうにして、お子さんの行動の背景を知ることから始まります。

そこで実施しているのが、**「アセスメント」と呼ばれる「情報収集＋分析」**です。お子さん一人ひとりの「特性」や問題が、いつ、どこで、どんな条件で発生するのか、さまざまな観点から情報収集し、「課題の本質」を見極め、それを基に適切な教育計画を立てていきます。

ですから、学習に困難のあるお子さんに対しては、ジュニアの教室に来たときの様子のみならず、学校のテストの答案用紙やノートを持って来てもらって細かく分析をしています。

たとえば、読解問題の中でも穴埋め問題は正しく回答できているのに、自分で考えて書く問題は白紙の場合、答えのない抽象的な問いに対して推論することが苦手であると考えられます。

また、ケアレスミスが多い場合は、最後まで文章を読まずに注意が散漫になってしまっているかもしれません。

このようにしてお子さんのノートやテストから推測・分析をしていくと、その子の特性や真の要因が見えてくることが多いのです。こうしたアセスメントを十分に行った上で、教育プランを作成することが大切だと考えています。

では次に、ジュニアに通っているお子さんのエピソードから、具体的なアセスメントの様子を紹介していきます。

◉自分に合うコミュニケーションの方法が見つかったアラタくん（5歳）

アラタくんは、週に2回、「ソーシャルスキル」を学びにジュニアに来ている男の子です。３歳から通って約2年が経ちました。

自閉症と知的障害の診断があり、３歳の時点で発語がなかった当時の彼が、実際に使えるコミュニケーション手段はとても限定的でした。たとえば何か大人にやってほしいことがあるときには「クレーン行動」（大人の手を取って、してほしいものの方へ導く行動）をしたり、嫌なときには唾を吐いたり周りの物を投げたりすることで、自分なりの表現をしていたのです。

周りの人は、アラタくんが唾を吐いたり物を投げたりすると、「その行動をとにかくやめさせなければ!」と思います。けれども、無理やりやめさせようとしても一向に改善せず、むしろますます「問題行動」はひどくなるばかり。そこで僕たちは、まずアラタくんの唾吐き行動や周りの物を投げる行動がどうして起こっているのかを観察し、分析しました。

その結果、アラタくんの苦手な活動(着替えや片づけ)を一人でやらなければならないときにそのような行動が起きていることがわかりました。

「一人じゃできないよ!」とアラタくんは伝えたくても、彼は言葉を話すことが難しかったので、唾を吐く、物を投げるという手段で訴えていたのです。

では、アラタくんが伝えたいことを、本人にとっても周りの人にとっても負担のない形で伝えるためにはどうしたらいいのでしょうか。

その時点ではコミュニケーション手段としての「言葉」の習得はすぐには難しかったため、僕たちは「てつだって!」という絵カードを作って、その絵カードを指さして伝える練習を始めてみました。すると、この絵カードで伝えるコミュニケーションの方法が、アラタくんにはぴったり合いました。

今では、アラタくんはたくさんの絵カードを使って、それを指さしたり渡したりして、コミュニケーションをとることができます。次は、スマートフォンのアプリを使ってコミュニケーションをとる練習にステップアップする予定です。

一見同じ「問題行動」でも、その背景要因は一人ひとり異なります。また、お子さんの特性によって、最適なコミュニケーションの方法もそれぞれ変わってきます。だからこそ、僕たちは「アセスメント」を通した**その子と周辺環境の分析を重視する**のです。**個別最適な教育の第一歩は、何よりもまず「知る」こと**なのだと思います。

絵カード

②「成功体験」の積み重ねが、自分らしく生きる力を育む

アセスメントを通して、お子さんの特性や困りごとの要因を分析したら、一人ひとりに合わせた個別最適な教育プランを決めて実施していきます。

ここで僕たちがいつも大切にしているのは、お子さんたちの「成功体験」です。その積み重ねこそが彼ら・彼女らの学習意欲をうながし、自信を持って自分らしく生きる力を育む上で非常に重要な要素だと考えています。

実は、僕たちの教室にやって来るお子さんの中には、自己肯定感が大きく低下している子が多く通ってきます。初めの頃は、苦手な科目の問題を見るだけで「ヤダヤダ」「やりたくない」と泣きながら拒絶反応を示したり、「僕はダメなんだ」「どうせできないんだ」といった言葉を繰り返すこともあります。

でもそれは、その子の特性が理解されないまま、その子に合わない教え方や無理な目標設定でひたすらに頑張ることを強いられてきた結果です。

もともと学習障害があって文字がうまく読み書きできない子が、「きれいに書けていないからやり直し！」

「漢字が覚えられていないからドリルを何度も書きなさい！」

などと言われたら、漢字が嫌いになるに決まっています。

また、アスペルガーの特性がある子が、自分がおかしいと思うことを率直に主張しただけなのに、「協調性がない」「思いやりがない」などと頭ごなしに叱られては、自分がどうすればよかったかも学べないまま、他人との関わりにネガティブな気持ちを抱いてしまいます。

僕たちは、こうした失敗体験の繰り返しによる悪循環を逆転させ、誰でも、どんな状態からでも、成功体験を積み重ねながら楽しく学んでいけるようなカリキュラムの開発を続けています。

また、楽しく授業を進めるための仕組みとして、1万点以上の教材プログラムと、お子さんが身につけるべき能力を整理した「スキルマップ」というものを活用して、一人ひとりにオーダーメイドの教育サービスを提供しています。

スキルマップとは、ジュニアの教育目標である「自分らしく生きる」が実践できる子になるために学ぶべきスキルを整理したもので、国語・算数などの教科で分類して

いないことが特徴です。あくまでも**「自分らしく生きていくためのスキル」**という観点で分類しており、国語や算数も要素を分解し、スキルの一つの要素として扱っています。

そのスキルは10領域あり、大きくいえば基礎的スキル（身辺自立、数理的処理、発信・表現、セルフコントロール、受信・読み取り）と発展的スキル（生活の自立、問題解決思考、自己主張、集団参加、他者理解）に二分されています。獲得していくべきスキルを細かに段階づけし、成長段階にあわせてスモールステップで取り組んでいけるようにしています。

ここで、自分にぴったりの学習方法を見つけて成功体験を積み重ねていった2人のお子さんの事例を紹介しましょう。

◉バッハが好きなショウタくん（小学1年生）

ショウタくんは、僕自身が教室で先生をしていた頃に出会ったお子さんです。そのとき小学1年生。小学校に入学して1週間ほどで、自分自身で「もう学校に行かな

スキルマップ

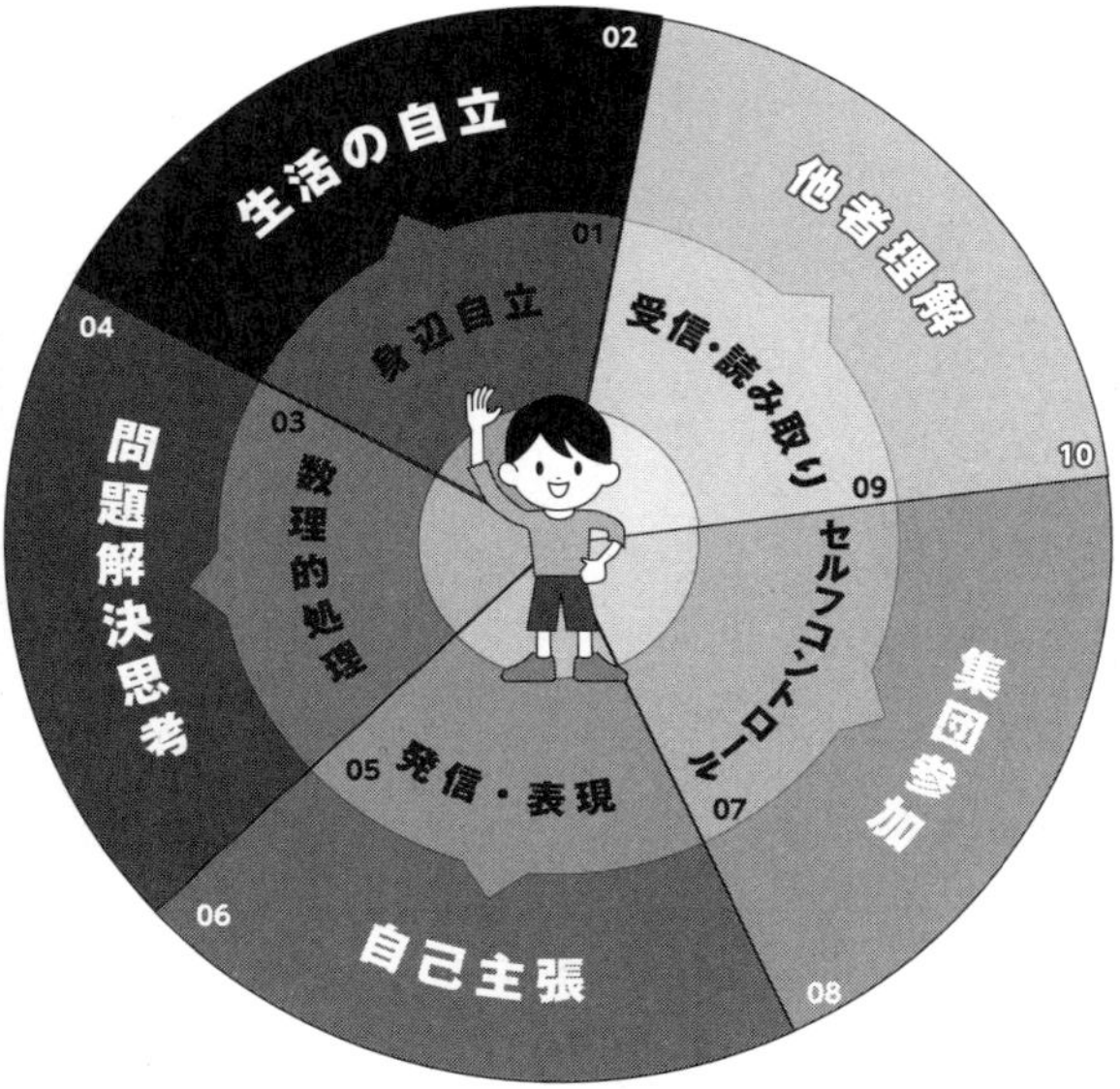

01　**身辺自立**　身の回りのことを自分でするスキル
02　**生活の自立**　自立して生活するためのスキル
03　**数理的処理**　数字や図形を用いて、生活に必要な情報を導き出すスキル
04　**問題解決思考**　知識や経験を活かして、壁を乗り越えようとするスキル
05　**発信・表現**　表現したいことを本人なりの方法で表出するスキル
06　**自己主張**　自分の意見と相手の意見のバランスを尊重しながら、率直に対等に思っていることを伝えるスキル
07　**セルフコントロール**　自分の感情や欲求とうまくつき合うスキル
08　**集団参加**　自分らしく集団参加するスキル
09　**受信・読み取り**　外部から得られる情報を受け取り（受容）、理解するスキル
10　**他者理解**　他者の立場や自由を承認して意思疎通するスキル

い」と決めて、その後は、ジュニアをフリースクールとして利用していました。

ショウタくんは、実に独特な感性と世界観を持った男の子でした。

「ショウタくんは、どんなことに興味があるの？」と聞くと、

「バッハ」と一言。

「バッハの何を知りたいの？」と聞くと、

「バッハが死ぬ直前に何を思ったのかを僕は知りたい！」

と答えたのです。

まるで大人のように落ち着いていて理路整然とした話し方と、その哲学的な表情に、

「この子はもしかしたらとんでもない才能を秘めた子かもしれない」と思ったことをよく覚えています。そしてその夜、僕は人生で初めてバッハの死に際に思いを馳せることとなりました（笑）。

ショウタくんは、興味あることと、ないことへの取り組み方が極端に違うという特性を持っていました。そのため、教科書の内容にはまったく関心が持てず、授業にもついていけなかったのです。学校ではなかなかその良さが評価されず、周囲との

ギャップが失敗体験へとつながってしまいます。

そこで僕らは、ショウタくんに勉強を教える上で、彼の興味関心を最大限に活用しました。まずはインターネットを使ってバッハに関する国語の問題を作り、平仮名・片仮名・漢字を学んでもらいました。バッハの解説ページには難しい漢字がたくさんありますし、交響曲の一覧にも漢字や片仮名が含まれていますから、教材としてなかなか優れていたのです。

また算数も、亡くなった年から生まれた年を引いてバッハの年齢を導き出すことで引き算に興味を持ってもらうといった工夫をしました。小学1年生ですから4ケタの引き算はまだ少し難しいのですが、ショウタくんは興味を持って学んでいきました。

ショウタくんは友人関係にも困難を抱えていました。感情が高ぶりすぎると、自分の行動のコントロールができなくなってしまうのです。たとえば、トランプなどのゲームで負けそうになると悔しくてイライラして、みんなで遊んでいるトランプをぐちゃぐちゃにしてしまうのです。

もちろん、「負けて悔しい」という気持ち、それ自体は悪くありません。ただし、その感情を「トランプをぐちゃぐちゃにする」という方法で表現するのは、ショウタくんにとっても周りの人にとっても気持ちのいいものではありません。そこで**「怒り温度計」を使い自分のイライラ度合いを自分で客観的に認知**できるようにしてもらいました。温度計を見せながら、

「ショウタくんの今の気持ちは、この中のどれかな?」

とたずね、自分自身を客観視する能力（心理学用語でいう「メタ認知」）を引き出すようにしました。それでも怒ってしまうときには、気持ちが落ち着いたところで、何が起こったかを一緒に振り返り、次はどうするのが良いかを一緒に考えました。

彼はその後、自分の感情との向き合い方、自分らしいコミュニケーションの仕方を少しずつ身につけ、

「僕はこんなときにイライラしちゃうんだ」

と周りの友達にも伝えられるようになりまし

怒り温度計

た。現在はジュニアを卒業し、不登校が続いていた小学校にも再び通っています。

◉歴史が好きなマサキくん（小学４年生）

マサキくんの困りごとは、漢字を記憶して書くことが難しいということでした。これまで学校や自宅でいっぱい練習してきたのですが、どうしても漢字が覚えられないのです。また、うまくいかなかったからかもしれませんが、ただ繰り返し漢字を書いて練習することに強い抵抗感を持っていました。

一方で、マサキくんはエピソードを記憶するのは得意で、数多くの歴史上の人物や物語を知っていました（特に好きなのは勝海舟。渋い！）。そこで担当の先生は、漢字を分解して「エピソード」にすることで覚えてもらうことを思いつきました。

たとえば、「春」は「三」「人」「日」に分けられますから、

「三人の人が日なたぼっこをしているのが春」

というエピソードをマサキくんと一緒につくって、教えたのです。この方法だと、マサキくんは次々に漢字を覚えることができました。そして、それまでは10点、20点

ばかりだった漢字のテストで、初めて100点を取ることができたのです。
そのうち、マサキくんは漢字以外のことも、自ら歴史に関連するエピソードと結びつけて記憶するようになり、学力全般が上がっていきました。自分の強みである「エピソードで記憶するスキル」を応用できるようになったのです。

「春」という漢字を分解すると

春
三
人
日
三人が日なたぼっこしているから春

実は、マサキくんのように、**何か一つが達成できるようになると、さまざまなことができるようになっていくお子さんは少なくありません。**自己肯定感が高まり、自信をつけていくからです。マサキくんのようなお子さんを見ていると、自己肯定感が下がっている状態がいかに問題なのかがよくわかります。

③子どもだけでなく、周囲の「環境」も変えていく

その子が困っている状況への解決策としては、2つあります。一つは、本人（お子

さんという「個」がスキルを身につけるということ。もう一つは、周囲（環境）が変わるという解決策です。

たとえば、お子さんが自らの特性を周囲に伝えられるようなコミュニケーションスキルがあれば、周囲との関係を自ら改善していくこともできるでしょう。**特性そのものを変えることはなかなか難しいですが、こうしたスキルは後天的に身につけることができます。**これが、お子さんという「個」に対してのアプローチです。

一方で、お子さんのスキル獲得を支援しても、それだけでは問題解決は難しい

子どもの生きづらさとは

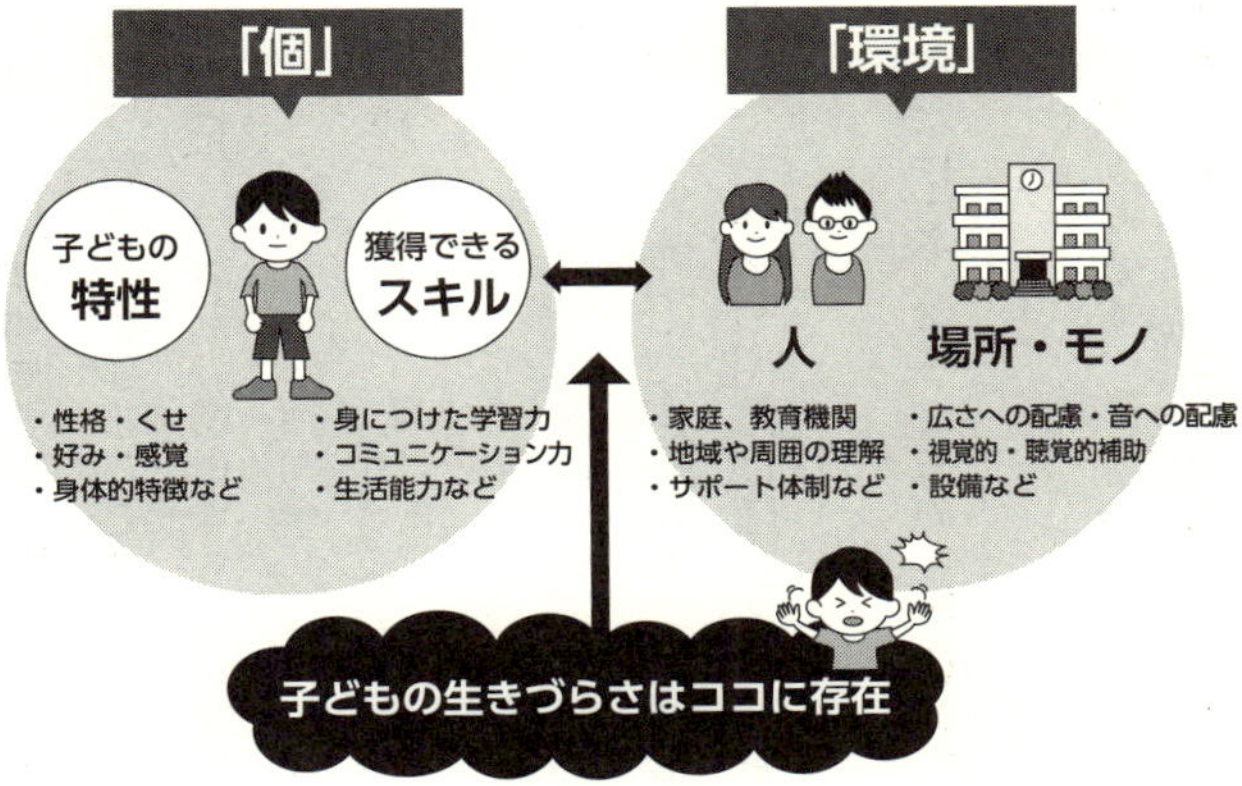

という状況もたくさんあります。そこで重要になるのが、幼稚園や学校、地域や家庭といった、お子さんの周辺にある**「環境」に対してアプローチをすることです。**たとえば、授業中に音がうるさくて集中できないお子さんは、一番前の席にするだけで集中力が増すこともよくありますし、相手の話を聞き取るのが苦手な傾向がある子には、口頭で伝えるのではなく、黒板にしっかりと指示や手順をまとめてあげれば、学習効率がぐんと上がることがあります。

そのほかにも、読み書きに障害のある「ディスレクシア」の特性を持つお子さんがいますが、そういう子が文字を読み上げる専用のアプリを活用して文章を耳で理解し、手で書く代わりにキーボードで打てるようになるだけで、学習の困難は随分と軽減されます。

このように**教室内で環境や先生の対応を少し変えるだけで、お子さんの学習状況が好転することはよくある**のです。

つまり、**障害は周辺環境と本人との関係性によって決まります。**障害の度合いが重い子であったとしても、周辺環境に多様性を活かす力があれば、本人の困りごとは少ないでしょうし、逆に医学的にはなんの障害がなくても、周辺環境に人を活かす力がなければ生きづらさ、要は「障害」を抱えることになります。

そのためジュニアでは、必要に応じて保育園・幼稚園・小学校と連携し、よりその子にとって学びやすい方法をともに考えるといったことも大切にしています。ジュニアの先生たちは、自分が担当するお子さんが通う学校を訪ね、担任の先生や校長先生と教室環境の改善方法を一緒に考えたり、ジュニアで使っている教材を共有しているケースもあります。

また、学校だけでなく、お子さんと地域のコミュニティとの関係づくりもとても大切にしています。

たとえば、東京・自由が丘教室では、地元の商店街の方々の協力を得て、ジュニアのお子さんたちのためのスタンプラリー企画を実施したり、逆に教室で行う発表会に地域のみなさんをご招待するといった活動を続けています。

今では、教室に通う途中でお子さんが予期せぬトラブルにパニックを起こしてしまった場合でも、周囲の大人たちが優しく声をかけて、その子が落ち着くまで一緒にいてくれたり、教室まで連れてきたりしてくれるようになりました。多様な個性を見守り育む文化が、その街全体に浸透しつつある、そのことに希望を感じています。

学校、地域、そして僕たちのような民間事業者それぞれがお子さんの成長を一緒に応援する仲間として、地域の生態系を作っていくこと。それが僕たちの目指す「環境」へのアプローチです。

◉家庭環境の工夫で、子どもも親も幸せに

園や学校、地域の方々に加えて、もう一つ、お子さんの育ちにとって重要な環境があります。それは、お子さんが大半の時間を一緒に過ごす親御さんであり、家庭環境です。

ジュニアに通所できるのは週に数回、それも何時間かのみです。そのため、ジュニアの先生と親御さんが一緒に個別の目標を立て、同じ方向を見て接してくれたほうが子どもたちも安心して学ぶことができます。

最近では子育てに悩んでいる親御さんに向けて、お子さんとのより良い関わり方を

郵便はがき

料金受取人払郵便

芝局
承認

1386

差出有効期間
平成30年1月
4日まで

106-8790

011

東京都港区六本木2-4-5
SBクリエイティブ(株)
学芸書籍編集部 行

自宅住所 □□□-□□□□	自宅TEL ( )	
フリガナ 氏	名	性別 男・女 生年月日 年 月 日
e-mail @		
会社・学校名		
職業 □ 会社員(業種) □ 自営業(業種) □ 公務員(業種) □ 学生 ( )	□ 主婦 □ パート・アルバイト □ その他 ( )	
SBクリエイティブ学芸書籍編集部の新刊、関連する商品やセミナー・イベント情報のメルマガを希望されますか?	はい ・ いいえ	

■個人情報について
上記でメルマガ配信に合意いただきました個人情報はメールマガジンの他、DM等による、弊社の刊行物・関連商品・セミナー・イベント等のご案内、アンケート収集等のために使用します。弊社の個人情報の取り扱いについては弊社HPのプライバシーポリシーをご覧ください。詳細はWeb上の利用規約にてご確認ください

◆ https://www.aqut.net/gm/kiyaku.inc

愛読者アンケート

この本のタイトル（ご記入ください）

■お買い上げ書店名

■本書をお買い上げの動機はなんですか？

1．書店でタイトルにひかれたから
2．書店で目立っていたから
3．著者のファンだから
4．新聞・雑誌・Webで紹介されていたから（誌名　　　　　　）
5．人から薦められたから
6．その他（　　　　　　　　　　　　　　　　　　　　　）

■内容についての感想・ご意見をお聞かせください

■最近読んでよかった本・雑誌・記事などを教えてください

■「こんな本があれば絶対に買う」という著者・テーマ・内容を教えてください

アンケートにご協力ありがとうございました

ご記入いただいた個人情報は、アンケート集計や今後の刊行の参考とさせていただきます。また、いただきましたコメント部分に関しましては、お住まいの都道府県、年齢、性別、ご職業の項目とともに、新聞広告やWebサイト上などで使わせていただく場合がありますので、ご了承ください。

ペアレントトレーニングの例

学ぶことができる「ペアレントトレーニング」を一部の教室で始めました。そこで学んだ内容を家庭で実践してもらい、再度一緒に振り返るというサイクルをつくることで、うまくいった理由やうまくいかなかった原因をつかみ、状況の改善につながるようフォローしています。

◉「みんな同じ」にする教育の側にある障害

これまで、ジュニアの取り組みとともに、僕たちが出会ったお子さんたちのエピソードを紹介してきました。

たくさんのお子さんと接する中で考えるのは、**発達障害のある子どもたちにとって一番の「障害」とは何か**、ということです。それは、**「その子に合った教育を受けられなかったこと」**にほかならないのではないでしょうか。

現状のように、みんな同じように「平等に」学ばせようとする教育システムの中では、当然そのシステムにうまく適応できない子どもも出てくるでしょう。それを一概に「発達の遅れがある」「問題のある子」と決めつけてしまうのは乱暴な話です。本来は、みんな違っていて、伸びていくペースも伸びていく方法だって一人ひとりバラバラです。

実際にサービスを運営してきた経験からも、平等はとても大切なことだと感じていますが、「本当の平等とは何なのか」をもっと考える必要があると思っています。

たとえば、文字が書けない障害のある子どもにパソコンを使わせようとすると不平等だと言われてしまい、そうした学習方法さえも認めてもらえないケースがよくあります。

今の学校教育は、「みんな同じである」ということを前提に平等を実現したシステムになっていますが、これがあまりに行き過ぎると、「誰も幸せにならない平等」に向かってしまうのではないでしょうか。

本来の教育システムは「みんな違っている」ということを前提に、違っている子どもたち一人ひとりが平等に学力を身につけていけるものであるべきだと僕は考えています。

◉一人ひとりに合った教育は、誰にとっても魅力的

僕たちは、ジュニアを立ち上げる前、日本で発達障害のある子どものための教育サービスをつくるにはどのようなことが大切なのかを考えていました。そのことを見極めるために、国内外のさまざまな教育機関に視察に行っていた時期があります。

視察をした中でも特に印象的だったのは、アメリカ・シアトルの取り組みです。シアトルには民間の発達障害児向けの教育支援組織がたくさんありました。それだけでなく、そうした組織のセラピストたちが保育園や学校と連携を取って、発達障害のお子さんを地域で支える仕組みを構築していたのです。

たとえば、発達障害の小学生に向けては、民間のセラピストと小学校の担任教諭、学年主任、ＩＴ専門家などがチームを組み、親御さんを交えてケース会議を開き、そのお子さんに合った指導計画を決めていました。その計画に基づき、民間のスクールと学校が連携して一人ひとりに対応していくのです。地域みんなで子どもの個性を伸ばす教育を実践しており、シアトルのみなさんが発達障害のお子さんを支えるために形成している生態系は理想的だと感じました。

それから、シアトルで最も人気が高いと言われる保育園のことも鮮明に記憶しています。

その保育園は障害のある子だと格安で利用できるため、通っている子の約半数が何かしらの障害のあるお子さんでした。そして、そうしたお子さんたちに対して個別に質の高い保育・教育サービスを行っていることが評判になった結果、残りの半数は、主に富裕層が高額な料金を支払ってわが子を通わせていたのです。このことで気づいたのは、**一人ひとりの特性に合った教育サービスは、障害のあるお子さんだけでなく、どのようなお子さんにとっても魅力的**なのだということです。

本当は誰もが違うのだから、障害のあるなしにかかわらず一人ひとりに合った教育が必要なのだということを、僕はそこで学びました。

◉授業の良し悪しは子どもが決める

教室で何人ものお子さんを見ていると、本当に一人ひとり違うことがよくわかります。

ジュニアには、「子どもが一番の先生だ」という言葉があります。**優れた教材プログラムかどうかは、理論や研究が決めるのではなく、目の前のお子さんが決めること**なのです。

最新理論に基づいた教材でも、お子さんに楽しく取り組んでもらえなければ意味がありません。セオリー通りにやったのに効果が上がらない、楽しんでいただけないという例はいくらでもあります。

「自閉症のお子さんに対してはこの教材プログラムが効果的だ」というスタンダードはあったとしても、それが常に正しいとは限らないのです。お子さんが１００人いれば、１００通りの学び方があるのです。

このような考え方で教育を提供しているため、年間カリキュラムが決まっている一般的な指導方法とは違って、先生には臨機応変にプログラムや教材、授業の進め方などを変化させていくスキルが求められます。人数分同じプリントを用意しているだけでは絶対にうまくいきません。そういう意味で、ジュニアの先生たちはちょっと大変かもしれませんね（笑）。

今も先生たちは試行錯誤を繰り返しながら、その子に合わせたプログラムをつくり続けています。まだまだ理想には遠く、十分に満足いく教育にはなっていませんが、これからもお子さんや親御さんから学び続けていきたいと思います。

第3章

子どもの心に火をつける

◉子どもたちの創造性を育む教室

２０１４年、僕たちは発達に凸凹《でこぼこ》のあるお子さんのための教室「ジュニア」とは別に、新しいコンセプトの教室を立ち上げました。それが「ＬＩＴＡＬＩＣＯワンダー」（以下、ワンダー）です。「ＩＴ×ものづくり」という切り口で、お子さんたちの創造力を育んでいく教室です。

小学生からプログラミングに取り組めるようになっていて、４種類のコースがあります。ゲームやアプリをつくるコース、ロボットを自作するコース、さらに複雑なロボットを生み出すコース、３Ｄプリンタでものをつくり出すコースです。

僕たちがワンダーを立ち上げようと思ったきっかけは、先行して始めていたジュニアにありました。

ジュニアに来ている**アスペルガー、ＡＤＨＤ、自閉傾向を持つお子さんたちは明らかに創造性が豊かな子が多い**のです。**興味があることにはすごい集中力を発揮する**子も多く、将来の可能性を強く感じます。ただし、今の日本の学校教育や社会の中では彼らの長所を伸ばせる場所が少ない。それならば、そんな彼らの長所を伸ばす教育を僕たちでつくろうという思いが、ワンダーとして形になったのです。

このワンダーを実際に始めてみると、非常におもしろい結果が出ています。学校の勉強だと1分と集中力がもたないお子さんたちが、ここに来ると3時間、4時間と没頭して独創的な作品をつくってしまうのです。

もともとは発達障害のあるお子さんの強みを伸ばそうと思ってスタートした事業ですが、実際のところ、発達障害の特性のあるお子さんは全体の30％に届かないくらいで、70％以上は発達障害のないお子さんが通っています。

そもそもワンダーのカリキュラムは、最初から一人ひとりが違う学び方をしていく前提でつくられているため、障害の有無は一切関係ありません。誰もが入り混じって学びます。ワンダーは「学ぶ障害のない教室」なのです。

◉答えは自分で創造する

ワンダーの授業では、答えは一つではありません。もっと言えば正解はないのです。授業をやる中でもちろん教材は用意しますが、最終的に出来上がるものはみんなバラバラです。

たとえばゲーム&アプリプログラミングコースでは、最初はゲームの中のキャラクターを回転させるといった基本動作をプログラミングしてもらい、簡単なもぐらたたきゲームやシューティングゲームをつくります。でも、そこから先は脱線大歓迎。もぐらたたきゲームの完成度をさらに高めてもいいし、自分オリジナルのシューティングゲームづくりに取り組んでいってもいいのです。

こうして子どもたちは主体的に考え、独自の答えを出していきながら、ものづくりにどんどん熱中していきます。このように説明するとすごく難しいことをしているように思えるかもしれませんが、そんなことはありません。

ほとんどの子どもたちにとって、ものづくりは好奇心が強く刺激されること、楽しくてワクワクして仕方がないことなのです。授業が始まるずっと前にやって来て、授業が終わってもなかなか帰ろうとしないお子さんがたくさんいます。彼ら・彼女らは、とにかくどんどん自分の作品をつくりたくてたまらないのです。一度心に火がついた子の「自ら学ぶ力」は本当にすごい。そのことにいつも感動させられてしまいます。

ではここで、ワンダーに通っている（あるいは過去に通っていた）お子さんたちを何人か紹介していきましょう。

◉「ロボット界のオリンピック」に出場したツムギさん（小学６年生）

世界中の小中高生が自分で自律型ロボットを製作し、プログラムで自動制御する技術を競い合う「ロボット界のオリンピック」と称されるロボット大会があります。２０１５年、ツムギさんはもう一人の男の子と一緒にこの大会の予選を突破して、見事、全国大会に出場しました。次は世界大会に進みたいと、日々ロボットづくりに没頭しています。

お母さんによると、ツムギさんは昔から、小学校から帰ってくると一人でパソコンやプリンタをドライバーで分解して楽しんでいたそうです。話すのが苦手で、ひっこみ思案。でも、「メカには強い」というユニークな女の子です。ですが、その個性ゆえに、学校ではなかなか、共通の話題で盛り上がれるような女の子の友達がいませんでした。

あるとき偶然ワンダーのことを知ったお母さんが、ツムギさんにパンフレットを渡したところロボットづくりに興味を持ち、通い出すようになりました。

ものづくりでは全国大会に出場するぐらい大きな才能を発揮しているのですが、おもしろいのは、ロボットをつくればつくるほど、ツムギさんの会話力がどんどん伸びていき、社会性が高まっていったことです。

もともとコミュニケーションが苦手であまり周囲の人に関心を示さなかったのですが、ワンダーに通いだしてからは、ほかのお子さんが作ったロボットを見れば「どうやって作ったの？」と話しかけ、自分のロボットのことを聞かれれば一生懸命相手に説明するようになりました。「どうやったら相手にとって伝わりやすいか？」をスタッフと一緒に考え、主体的に話しかけることが少しずつ増えていきました。**興味のあることだから、周囲とコミュニケーションを取りたい**のです。

そして、2015年の全国大会では、大勢の前で自分たちのつくったロボットについて、堂々とプレゼンテーションするまでになりました。

ツムギさんチームが発表したのは、ロボットがゴミをリサイクルしてくれるという

「グリーンエコハウス」というもの。発表後、審査員から「そのロボットのオリジナリティや新規性は？」と鋭い指摘を受けたときも、まったく動じることなく、「日本は国土が狭いので、地下にリサイクル工場をつくりました。縦の空間を有効に使ったデザインに新規性があります」などと、堂々の切り返し。これにはその場にいた大人も唸りました。

先日、僕はたまたま教室でお母さんに会ったのですが、周囲のお子さんと楽しそうにロボットやプログラミングの話をしながら、イキイキとものづくりに没頭しているツムギさんの姿を見て、「共通の話ができる友達もできて、本人がこんなに変わるとは思わなかった」と喜んでいらっしゃいました。

次に紹介するのは、中学校で不登校になった男の子が、ワンダーで小学生たちに慕われる存在になり、自信を取り戻していくまでのお話です。

◉子どもたちから「師匠」と慕われたユウマくん（中学3年生）

ユウマくんは、入学当初から中学校になじめず不登校になってしまいます。「学校には行きたくないけど、ロボットを自分で作れるなら行ってみたい」と、学校に代わる学びの場として、ワンダーに通い始めてくれました。

通塾当初は、不登校の経験もあってか、やや後ろ向きな様子も見られましたが、ものづくりを伸び伸びと楽しめるワンダーの環境にすぐになじむとともに、持ち前の優しい性格で周囲の小さなお子さんたちに慕われるようになりました。

もともと年下の子どもたちと遊ぶのが好きなお子さんだったのです。小学生から高校生まで、多様な年齢のお子さんが入り混じっている環境が、ユウマくんにとって良い方向に働きました。

ロボットづくりが上達していくとともに、**相手にわかりやすく仕組みを解説することから、一部のお子さんたちから「師匠」と呼ばれるように**なりました。とうとう本当に「弟子」になる子どもまで現れて、ユウマくんの前にはいつも行列ができるように。中には、授業は前の時間にとっくに終わったのに、ユウマくんに懐くあまり、お母さんが声をかけてもまったく帰ろうとしない子も（笑）。

その後、ワンダーでコミュニケーションに対する自信を取り戻したこと、自分は理数系に強みがあると自信を持てたことで、「高等専門学校に進む」という目標を自ら見つけたユウマくん。不登校が続いていましたが、新しい中学校に編入し、高等専門学校合格という目標に向かって毎日元気に登校しています。

◉枠からはみ出る子どもが輝ける場所

ツムギさんやユウマくんの成長ぶりを見ていると、ワンダーのような教室は、既存の学校教育の枠からはみ出た子どもたちが輝ける学びの場なのではないかと感じます。

今の多くの学校教育では、ゼロから新しいものをつくり出す創造力というものはなかなか評価されません。どちらかというと、あらかじめ「正解」の枠組みが決められ、その中で「間違えない達人」をいっぱいつくることを重視した教え方になっているように思います。

その枠の中に収まっている限り居心地はいいけれど、一人だけ枠を飛び出すような行動を取ると白い眼で見られがちで、場合によっては「出る杭」が打たれるようにバッシングを受けてしまうこともあります。

ですが、子どもが生きていく上で、**学校の枠組みで評価されることだけがすべてではありません。**その子の持つ豊かな創造力や、枠からはみ出る行動力を評価してくれる人は世の中に必ずいます。

事実、不登校だったユウマくんは、ワンダーに来てから、自分の作品を褒めてくれる友達や年下の「弟子」たちとの関係を築き、自信を取り戻して新しい学校へと旅立っていきました。

学校では評価されにくい子が、場所を変えたらヒーロー・ヒロインになれるのです。ものをつくって表現すること、つくったものを通して人とつながることには、こんなふうに人を元気にする力があるのです。

◉「得意」を伸ばすと「苦手」が底上げされていく

ワンダーに通うお子さんを何人も見ているうちに、興味深いことがわかってきました。それは、**得意なことに没頭していくと、自然と苦手なことが克服できる**ということです。ツムギさんやユウマくんは、もともと他人と関わることを得意とするタイプのお子さんではありませんでした。ですが、「自信作のロボットをみんなに見て欲しい！」、「大好きなプログラミングを、もっと上達したい！」といった、好きなことや得意なことを追求する情熱が、彼らの苦手意識を上回り、自分から他人とコミュニケーションを取る原動力を生んだのです。

よく、教育やしつけの議論では、

「好きなことばかりしているとしっかりと成長しない」

「好きなことばかりしていないで、苦手なことも克服しなさい」

などと言われることがありますが、僕はそれは違うのではないかと思います。

脳科学的には何か一つの能力が高まると、関係しないほかの部分の能力も伸びていく「汎化」という特徴があるそうです。何か一つの分野に集中して取り組むと脳内でそれに関連する神経細胞ネットワークが強化されるのですが、それにつられて、ほかのネットワークも同時に最適化される現象が起こると考えられています。つまり、**何か得意なことがあるということはそれだけで脳全体の能力を高めてくれる**のです。

また、リハビリの手法には、麻痺していない側の健常な手足から鍛えていくというやり方があるそうです。動かしやすいほうを先に鍛えることで麻痺した側も次第に改善させていく方法で、「クロスエデュケーション効果」と呼ばれています。身体の片側で学習したことがもう一方にも伝わるという現象です。**得意なほうを伸ばすことで、苦手なほうも次第にあとから引き上げられていく**――それは、身体能力に限らない、人間の特性なのかもしれません。

ただ僕は、「みんな好きなことだけやればいい」とは思っていません。**苦手なことに取り組むのも大切**だと思いますが、**好きなことに打ち込む時間があることが人生全体のエネルギーを高め、苦手なことにもチャレンジしようという意欲にもつながっていく**と思うのです。

そう考えると、僕たち大人の最も重要な役割は、「子どもの心に火をつける」ことなのかもしれません。

最後に紹介したいのは、学習障害による計算の困難を克服して、プログラマーとしての道を突き進むお子さんのエピソードです。単なる得意・不得意と違って、学習障害の先天的な特性による困難は、なかなか変えることができません。それでも、「学びたい」という情熱が彼を突き動かしたのです。

◉学習障害による困難を克服したハルトくん（高校1年生）

ハルトくんは、中学1年生のときジュニアに通い始めました。もともとLD（学習障害）があって、学習に顕著な遅れがありました。暗算など、頭の中で整理することを特に苦手としていて、ジュニアに入塾したときは「九九」もままならない状態でした。

一方で、ハルトくんはゲームが大好き。ゲームの話をすると止まらなくなってしまうお子さんでした。そこで、中学2年生のときにワンダーにも入塾し、ゲーム&アプリプログラミングコースに通い始めたのです。

ハルトくんは計算能力の困難さゆえに、プログラミングの仕組みを理解するのにも苦労し、最初のうちは指導員がつきっきりで教えてもなかなか上達しませんでした。

しかし、ハルトくんのゲームに対する情熱は人一倍強く、**プログラミングを理解し**

よう、一歩一歩前に進もうという主体的な姿勢は、最後まで変わることがありませんでした。うまくできないことがあっても決して途中でくじけず、粘り強く努力を続けているうちに、ハルトくんの計算能力も少しずつ成長していきました。そして最終的には、数学的な論理の理解が必要なゲームやアプリを自力でつくれるまでになったのです。

中学3年生になる頃には、ゲームづくりが具体的な夢となり、ＩＴの専門学校に入学するという目標ができました。1日3時間くらい受験勉強するようになり、ＩＴ専門学校に自己推薦入試で合格しました。受験にあたっては、ジュニアで作文能力と基礎学力の模擬テストを行って力を磨き、ワンダーでは任意課題のゲーム制作をサポートしました。合格後、初めての「今年の抱負」には「新しい人生の始まり！」と答えたそうです。

現在は学校に元気に通うとともに、ワンダーではC言語というレベルアップしたプログラミング言語に熱心に取り組んでいます。

◉熱中できることが何よりの才能だ

第2章で説明したように、生きづらさや困難はお子さん本人と取り巻く環境の関係性によって生じます。またこの章では、「得意」や「好き」に没頭できる環境を用意することがお子さんの意欲や創造力を引き出し、結果的には苦手の解決にもつながることをお話ししてきました。

将来的には学校教育も、もっともっと長所を伸ばすことに重点を置くような環境になっていくのが僕の理想です。

たとえば、授業中のおしゃべりがうるさくて周りに迷惑をかけている子がいたとして、ただ「静かにしなさい！」と叱りつけるだけなら誰にでもできますが、そこであえて、その子を授業やクラス会の司会者に抜擢したらどうでしょう。みんなの役にも立てますし、その子の話す能力はどんどん伸びていくでしょう。国語が得意な文学少女は往々にして普通の国語の授業ではもの足りないでしょうから、代わりに自分の好きな小説を書く時間をつくってもいいですし、生き物に興味があるお子さんなら生物学に没頭したっていい。そのことに僕たち大人が気づけていないだけで、**未来に活か**

せる長所を持った子はたくさんいると思います。

親御さんにしてみれば、わが子の成長を願うあまり、ついつい足りない部分に目が行くこともあるとは思います。でもまずは、得意なほうから伸ばしてあげみてはいかがでしょうか。そうすることで、きっと苦手な部分も底上げされていくはずです。

そして何よりも、**熱中できるものの存在は、子どもたちに自分の道を切り開く力をもたらす**のです。

第4章

「多様性」を力に変えていく働き方

◉未来には、僕らが想像もできない働き方が待っている

「2011年度にアメリカの小学校に入学した子どもたちの65%は、大学卒業時に今存在していない職業に就くだろう」

これは、デューク大学教授であるキャシー・デビッドソン氏がニューヨークタイムズのインタビューで語った予測です。この予測は大きな波紋を呼びました。

急速に情報化社会が進む中で、今僕たちの働き方は大きく変わってきています。数年前まで、僕は、YouTube上の動画再生で広告収入を得るYouTuberのような活躍の仕方があることも、それがこんなに増えることも、まったく予測できませんでした。もはや僕たち大人も、将来活躍できる職業の正解なんてわからない時代に来ているのです。

そう考えると、**今の大人からすれば一見役に立たなく見える子どもの興味や関心が、実は将来、大きな才能になっていくのかもしれません。**僕は、LITALICOの教室に通ってきているお子さんたちが、将来どんな活躍を見せてくれるのか本当に楽しみです。

◉多様な個性を活かした働き方をしている先輩たち

そうは言っても、親御さんの中には、

「未来の職業なんて想像もできないし、今現在のわが子の様子を見たら、これから社会でやっていけるのか心配で心配で……」

という方もおられるでしょう。ほかにも、

「そんなマニアックな趣味に没頭して、それが将来なんの役に立つの？」

「そもそも、他人とまともにコミュニケーションも取れないのに、仕事なんかやっていける？」

そう言いたくなる気持ちもわかります。

でも、未来のまだ見ぬ仕事を待つまでもなく、すでに社会の中で、多様な個性を活かした働き方は生まれてきています。本章では、ジュニアやワンダーに通うお子さんにとって「先輩」となるような大人たちの働く姿をお見せしていきたいと思います。

ＬＩＴＡＬＩＣＯでは会社の草創期から「ＬＩＴＡＩＣＯワークス」（以下、ワークス）を通じて、働くことに障害のある方のための就労支援を行っています。

ワークスは北海道から沖縄まで全国で60カ所近くの事業所を展開し、これまでに4000名以上の就職者を輩出してきました。第1章で、僕のようなADHDタイプの人間は、営業マンや起業家などの仕事が向いているとお話ししましたが、そのほかにも発達障害にはさまざまな種類や特性があり、それぞれに合った職業や働き方があります。

最初に紹介するのはワークスの元利用者で、対人コミュニケーションに困難があったタムラさんです。今の職場で大活躍している彼のエピソードから、「コミュニケーション」とは、会話のうまさがすべてではないと感じ取ってもらえると思います。

◉苦手が得意に変わったタムラさん

システム系の会社の社内インフラ担当部署で活躍中のタムラさん。ワークスの就労支援サービスを利用して、現在の会社に就職しました。

タムラさんはもともと高いＩＴスキルを持っており、システム系の仕事を希望しています。一方で、発達障害の一つ、アスペルガー症候群の特性を持っており、人とコミュニケーションをとるときに苦痛とパニックが伴う症状に悩まされていました。企業で働く上で、上司や同僚との打ち合わせや連絡業務は避けられません。対人コミュニケーションのパニックが続くようでは希望通りの仕事は難しいのでは、と本人もスタッフも悩んでいました。

ところが、日常の本人の様子をよくよく見ていると、ＳＮＳやメッセージアプリを頻繁に活用して、友人とも活発に交流しているではありませんか。「もしや？」と思ってスタッフがチャットを介したやり取りを試してみたら、「コミュニケーションができない」のではなくて、「〝口頭で〟人とやり取りをすることが難しい」だけなのだということが判明しました。

タムラさん自身も「社会人たるもの、職場では人とちゃんと話せなければダメ」と思っていたようで、それがますます本人を苦しめていたようです。

「苦手」の正体がつかめれば、対策が取れます。タムラさんが入社したのは、社員のほとんどが20～30代という新興のＩＴ企業。誰もが日常のやり取りにチャットを使い、業務の進捗管理もプロジェクトメンバーがアプリを共有して進め、報告もメールベースでOKという働き方の会社でした。ここならタムラさんのコミュニケーション特性が、むしろ強みとして活かされます。もちろん、口頭でのやり取りもゼロではないのですが、もともと個性的な人も多い職場なので、

「誰だって苦手なことはあるよね」

と、タムラさんの特性は当然のように受け入れられているそうです。

以前は、「就活のマニュアル本を読んでは、世間で求められるコミュニケーションができない自分に落ち込んでいた」というタムラさんですが、新しい職場に馴染んだ今は、就職できないと悩んでいた当時の落ち込みようなどどこ吹く風。

「私のコミュニケーション能力って実は高いんじゃないかと、認識が変わりました」

と笑っています。**ちょっと常識を疑って、環境を変えてみれば、「障害」は障害ではなくなる**のです。

次に紹介するのは、アニメ・ゲーム好きが長じて、自分らしい仕事を見つけた方の事例です。

「アニメやゲームで遊んでばっかりじゃ、将来困るわよ」

そんな親の心配をよそに、子どもは自分の「好き」を「強み」に変えて、道を切り開いていけるという好例です。

◉子どもたちに大人気のミウラさん

ミウラさんは大学時代の新卒就職活動がうまくいかず、心配した家族が就労支援サービスを調べて、その結果、ワークスを利用することになった方です。

ミウラさんには発達障害の傾向があり、コミュニケーションが得意ではありませんでした。就職活動がうまくいかなかったのも、面接でうまく話すことができなかったからです。その一方で、彼の強みは「抜群の記憶力」、そして「アニメやゲームに関する膨大な知識」でした。

ワークスに通い始め、発達障害の知識を得つつ、少しずつ自分の特性を理解していくことで、希望する就職先への意識が変わっていきました。当初は事務職を希望していたのですが、ワークスのスタッフの提案もあって、興味・関心が強いアニメやゲーム、映画に関わる仕事を探す路線に変更したのです。その分野であれば「記憶力というもう一つの強みも最大限に活かすことができます。

苦手な就職面接には、先方に断ってあらかじめ用意した回答の下書きを持ち込み、さらにスタッフが同席して安心できる環境をつくった上で臨みました。

その結果、めでたく採用が決まり、ミウラさんはレンタルビデオショップで働くことになりました。働き始めるとすぐに、**誰もが認める「アニメ担当」となり、アニメ作品に関する相談はすべて彼のもとにやってくるようになりました。アニメコーナーの一番の利用者は子どもたちです。どんな質問をしても的確に答えるミウラさんは、瞬く間に子どもたちの人気者に。**最近では、店舗にやってくるお子さんたちの第一声は、いつも「ミウラさんいますか?」なのだそうです。現在はアニメ関連に加え、ゲーム、スマートフォン等のコーナーを担当し、売り場のレイアウトなども一手に任されているそう。

初めの頃は業務の優先順位づけに難があったのですが、それぞれの作業時間を自分なりに記録することで、複数の指示があっても作業時間をイメージしながら優先順位をつけられるようになってきました。企業や店舗の運営方針を理解し、お客様のニーズを第一に意識しながらも、自分の得意分野を活かして日々奮闘されているとのことです。最近では給与アップに伴って一人暮らしも実現、順調にステップアップを続けています。

◉その夢には、きっと何かの意味がある

いかがでしょう？　ミウラさんのストーリーから、「○○オタク」とか「○○マニア」と言われるほどのこだわりも、働く上での「武器」になる可能性があることを、感じてもらえたのではないでしょうか。

もちろん、大好きな趣味を活かせる仕事がいつでも見つかるわけではないですし、最初に思い描いていた夢が誰でも叶うわけではありません。子どもの頃に夢は何かと聞かれて、「野球選手」「パイロット」「歌手」や「アイドル」と答えた人も少なくないでしょう。でも、大人になって実際にその職業に就いた人はごく一部ではないでしょうか。

だからこそ、お子さんが何か大きな夢を掲げたり、好きなことを仕事にしたいと言ったときには、親として心配になったり、「そう簡単にはいかないよ」と否定したくなる気持ちも出てくるのかもしれません。

ですが、たとえ最初に思い描いた職業に就けなくても、その夢にはきっと何かの意味があるのだと僕は思います。自分の情熱や関心に突き動かされていくと、いつかきっと、自分だけの「天職」が見つかるはずです。

次に紹介するのは、障害のために大好きだった仕事を辞めることになった方が、それでもあきらめずに、自分にぴったりの新しい仕事に出会うまでのエピソードです。

◉精神障害での失業後、ナカムラさんが出会った「天職」

幼い頃から飛行機や鉄道などの乗り物が大好きで、大人になってから鉄道の運転士にまでなったナカムラさん。まさに、「好き」を仕事にすることができた人生でしたが、精神障害（気分障害・うつ）を発症し、仕事を失うことになってしまいます。

失業、治療を経たのち、再び働こうと決意しワークスへ通い始めました。

ですが、ブランクが明けてからの再就職は順風満帆とはいきませんでした。当初はデスクワークができる業種を希望し、ホームページを作る仕事や印刷関係の仕事に興味を持っていたものの、企業見学やインターンにより、仕事量を自分で管理する必要のあるデスクワークの難しさを痛感します。

また採用面接でも、面接中に舞い上がって話しすぎてしまったり、逆にネガティブになって自己アピールができなかったりして、うまくいかないこともしばしば。気持ちが両極端になって本心が伝わらないもどかしさに悩み、就職活動への自信を失ってしまいました。

自分の適職は何か？

自分らしい生き方とは？

スタッフとも面談を重ねつつ悩む日々。そんなある日、偶然見つけたのが空港での求人でした。飛行機の保安要員という、お客様と飛行機の安全を守るために、飛行機の出発、到着時に不審者や不審車両などが近づいていないかを監視する仕事です。飛行機が大好きだったナカムラさんは、「これは！」と思ってすぐに求人に応募しました。

実際に面接を受けてみると、これまで何度も受けてきた事務職と違い、自分でも「波長がピッタリ合った」と感じるほどの手応え。

鉄道運転士の経験からシフト勤務には慣れていることや、安全に対する心構えが役に立つと考えたことが応募の理由だと語っていましたが、何よりも飛行機が好きなナカムラさんの「ここで働きたい！」という強い気持ちが通じたのでしょう。これまでなかなかうまくいかなかった面接にも落ち着いて臨むことができ、見事、内定を勝ち取ります。

現在、彼は、ワークスで取り組んでいたパソコンの訓練を活かして、所属部署での事務作業の手伝いもこなしながら、飛行機のそばで保安要員として充実した日々を送っています。

仕事をしているなかでのナカムラさんの一番の楽しみは、朝日や夕日に輝く機体と、それらが定刻で離着陸する様子を間近で見られる時間だそうです。

「晴れの日も雨の日も、憧れの飛行機の近くで安全を見守る仕事ができる。こんなに僕にぴったりの仕事はないですね」と、照れながらも嬉しそうに語ってくれました。

◉「たった一人」でも、自分の可能性を信じ抜いてくれる人の力

本書の冒頭でも紹介したように、僕たちのもとに相談に来られる親御さんは、本当に真剣に、お子さんの将来を考えています。わが子の幸せを願うからこそ、心配になるし、不安にもなるのでしょう。

ですが、お子さんは、親だけの手によって育つわけではありません。

クラスメイトや先輩、地域の大人たち……社会の中でいろんな人と出会い、影響を受けながら育っていきます。そんなたくさんの出会いの中で、「たった一人」でも、その子の個性や強みを認め、信じて応援してくれる人がいるのなら、きっとお子さんは大丈夫。お子さん自身が、自分だけの強みを活かした道を切り開いていくはずです。

最後に紹介するのは、息子さんの可能性を誰よりも信じ抜き、その挑戦を応援したお父さんと、プロの画家として世界で活躍する息子ＡＫＩさんの物語です。

◉世界で活躍する知的障害の画家、ＡＫＩさんのストーリー

プロの画家として世界各地で活躍をするＡＫＩさん。彼には軽度の知的障害があり、ほかの人よりゆっくりしたペースで生活をしています。

小学校では初めは通常学級にいたのですが、勉強のスピードやクラスの活動が合わず、過ごしにくい思いをしたそうです。

「笑顔が少しでもあればいい状態。しょっちゅう原因不明の高熱を出したり鼻血を出したりしていました。登校拒否も多く、朝起きられなかったり、多動で落ち着かなくなったりと、不安定な日々でした」

そう語るのは、ＡＫＩさんを男手一つで育てたお父さんの昭さんです。

そんなお父さんの心配をよそに、小学４年生で特別支援学級に移ってからは一転、自分に合ったペースで過ごせるようになり、小さい頃から大好きだったという絵を伸び伸びと自由に描けるようになったと言います。

そんなＡＫＩさんの才能に、周囲が注目し始めたのは、彼が中学生になる頃のこと。応募した複数の絵画コンクールで次々に最優秀賞を取ったことがきっかけです。ＡＫ

AKI さん。1987年東京都生まれ。スペイン国立「バルセロナ海洋博物館」にて「マザーフォレスト」を発表し、「金賞」と「日本スペイン交流親善名誉作家」を受賞。日本・ギリシャ修好110周年記念展覧会に「歴史」を発表し、「特別審査委員賞」を受賞。2010年、23歳にして、知的障害者の大学ゲスト講師として日本で初めて、武蔵野美術大学の教壇に立つ

Ｉさん自身は、自分の好きな絵を好きなだけ描ける環境に満足していましたが、お父さんの昭さんが最も悩んだのは、意外にもこの時期でした。昭さんは、次のように語ります。

「周囲から少しずつ、絵の才能が認められるようになりましたが、決して画家として生活できるわけではありません。細々と絵を描いて売るだけでは、ＡＫＩと親子２人で暮らしていけないことはわかっていました」

息子がストレスなく生活できる環境は守りたい。

とはいえ、親子２人で食べていくために

は、お金や仕事のことを無視するわけにはいかない。

一体、何がＡＫＩさんにとって一番幸せなのか……考えあぐねた昭さんは、最終的にＡＫＩさん本人に聞いてみることに。

「ＡＫＩは何が一番好き？」

すると本人は迷わず、

「絵を描くことが一番好き！」

と答えました。

即答したＡＫＩさんの表情を見て、昭さんは覚悟を決めたそうです。

ＡＫＩさんが大好きな絵を描くことに専念できるよう、それまでの仕事を辞めて、ＡＫＩさんの活動を全面的にプロデュースし始めます。ＡＫＩさんの絵を描いた缶バッジやＴシャツなどの商品を自ら手売りして回り、その活動を応援し、活躍の場を広げていったそうです。

「人生に正解なんてないんです。やりたいことをやればいい。ＡＫＩは人前で絵を描いたり、絵を通して人とコミュニケーションをとったりすることが大好きです。ＡＫ

Iに才能があるかどうかは周囲が決めることですが、本人がこれをやりたいと言うのなら、それを実現させてやろうと思ったんです」

次に、大きな転機が訪れたのは、ＡＫＩさんが13、14歳の頃です。彼の絵や人柄に惹きつけられたミュージシャンの湯川トーベンさんから、「一緒にツアーに行かないか」と誘われます。

「あれは運命の瞬間だった」

と振り返るＡＫＩさん。当時は、学校の外、世間の広さを何も知らなかった頃ですが、昭さんから自分の意思を聞かれたときに、迷わず「行く」と答えたそうです。ＡＫＩさんは人前で絵を描く「ライブペイント」というスタイルを中心に活動していますが、それが生まれたのは、このトーベンさんのツアーに同行したことがきっかけです。

そこからは全国各地を飛び回る日々。野外コンサート会場やライブハウス、地方の居酒屋から、果ては鵜飼《うかい》の船上まで。ＡＫＩさんは頼まれればどこへでも出かけて絵を描きました。

作品タイトル「富士山」。下書きは一切せずに筆を走らせる

「ライブペイントをするようになって、友達が増えた。ライブハウスやお店で知り合った人が、その後も個展に来てくれた。絵を見て話しかけてくれたり絵を買ってくれたりして、とても嬉しかった」

とＡＫＩさん。ライブハウスのように大きな音がする暗がりの空間は苦手なところでしたが、苦手意識を克服するほどに、大好きな絵で表現したい、他人と関わりたいという気持ちが強かったのでしょう。ライブペイントの活動を通じて、ＡＫＩさんはたくさんの人とつながっていきました。

昭さんは「何よりも大事なのは、ＡＫＩが熱中できること」と語ります。

「生きていくためにはお金も大事だから、ＡＫＩ

の作品がちゃんと売れてビジネスにならなければいけません。でも、収入は身の丈にあった程度で、楽しみながら働き続けることができれば、それが一番だと思います」

売れるかどうか、才能があるかどうかは世間が評価すること――親である自分にできることは、**ただ息子を信じて、熱中できる環境をつくる**こと。昭さんの言動からは、息子への一途な思いが伝わってきます。

迷いなく筆を走らせ、自分だけの世界観をのびやかに、鮮やかに描き出すＡＫＩさん。その絵はこれからもきっと多くの人の心をつかんで離さないことでしょう。

コラム2　子どもの幸せ、親の幸せ

「週末のお出かけ先、人混みは大丈夫かな？　もしまたパニックになったら……」
「横断歩道で飛び出さないように、私がしっかり手を握っていないと！」
「私が保護者会でちゃんと説明しないと、学校で息子のことを理解してもらえない」

発達に凸凹のあるお子さんの子育てはこのように、生活のさまざまな場面で気を張って過ごすことも多いでしょう。

初めての出産や育児は、誰にとっても先の見えない手探りの日々ですが、発達が気になるお子さんの場合は、さらに得られる情報が少ないなかで子育てをすることになります。

リフレッシュのつもりで出かけたキャンプも、予期せぬ出来事にお子さんがパニックになってしまい、わずか1時間の滞在で引き返すなんてことはよくあることです。

また、動きが活発なお子さんの安全確保のために使用する幼児用リード（ハーネス）を使うと街ゆく人から「かわいそう」と言われてしまうことも。

「思い通りにいかない」

「周囲の理解が得られない」

毎日がそんな出来事の連続だと思うと、本当に頭が下がる思いです。

ですが、お子さんのことを一生懸命考えて子育てをしていて、自分自身が疲れすぎている。なんだか幸せじゃないかも……そう感じたことはありませんか？


ある日、ジュニアの教室でお子さんと交わした会話が、今でも記憶に残っています。

「〇〇くんは、何をしているときが一番好き？」

「んー、何もしてないとき」

「それはどうして？」

「だって、のんびり何もしない日は、お母さんがのーんびりだから！」


そのお子さんにとって、お母さんがのんびりしていることは、どんな遊びやお出かけよりもきっと嬉しいことなのですね。だからこそ、親御さんの心と体と時間が「子どものため」だけで埋まってしまわないように。疲れたり、辛かったりするときに自分自身を大切にしてあげるだけの隙間を残しておいてほしい、そう願っています。

「LITALICO」という社名は、日本語の「利他」と「利己」を組み合わせて出来ています。関わる人の幸せを実現することが自分の幸せにつながる。また、自分自身が幸せになることが関わる人の幸せにもつながる。僕たちが大切にするそんな信念が込められた社名です。

　お子さん一人ひとりの幸せを願うとともに、そのお子さんと最も身近に触れ合う親御さん一人ひとりの幸せも同じくらい大切にできる。そのような社会をつくっていければと思います。

第5章

障害のない社会をつくる

◉社会を変えていく3つの力

障害のない社会をつくる——これが僕たちLITALICOの目標です。

これから先、本当に社会を根本から変えていくためには、これまで紹介したような既存の事業だけでは力不足です。僕たちの会社の枠を超えた「大きな力」を巻き込んでいく必要があります。具体的には、次の3つの力が欠かせないと考えています。

①ビジネスの力
②技術の力
③みんなの力

それぞれの「力」について、実例を交えながら説明していきます。

①世の中にないものをつくる「ビジネスの力」

「ビジネスの力」が優れているのは、第一に多種多様なサービスを用意できる点です。

たとえば、ロボット製作やプログラミングなどを学ぶワンダーの事業は、公共サービスではすぐに実現するのは難しいでしょう。公共サービスではどうしても公平性を

LITALICO
りたりこ

BUSINESS OVERVIEW　LITALICOの事業概要

ビジョン：障害のない社会をつくる

**「個性を伸ばす教育」と「社会での多様な活躍」をつなげる
幼児期から大人までのワンストップサービス**

ソーシャルスキル＆学習教室
LITALICOジュニア

△70 教室／生徒数 8000 名

IT×ものづくり教室
LITALICOワンダー

△５教室／生徒数 1300 名

就労支援サービス
LITALICOワークス

△58 拠点／就職者数 4000 名

LITALICOのネットサービス

LITALICO発達ナビ	Conobie	U2plus
発達障害ポータルサイト	子育て情報メディア	うつの予防回復SNS

りたりこ研究所

・障害に関する研究による学会や研究機関との連携
・LITALICOサービスでの研究の実証／実践
・政策提言やリサーチ報告による行政、業界への貢献

投資事業

WHILL	SENSEI NOTE
次世代パーソナルモビリティ	小中高の先生向けSNSサービス

COMPANY PROFILE　会社概要

社　名	株式会社 LITALICO　（LITALICO Inc.）
本　社	東京都目黒区上目黒 2-1-1 中目黒ＧＴタワー 15F
代表者	代表取締役社長　長谷川 敦弥
設　立	2005 年 12 月 26 日
資本金	329,687,000 円
従業員数	1,490 名（2016 年９月時点）

重視し、最大公約数的な仕様になりますから、最先端の技術や知識を採り入れて、一部の子どもたちに対して教育を行うのは原則として難しいのです。まだ世の中にない革新的なサービスを開発できるのは、ビジネスというアプローチの良さだと言えます。実際にワンダーの事業をスタートしてから現在まで、公立の学校にプログラムを提供したり、修学旅行で東京に来た際の体験プログラムとして選定いただいたりと、影響範囲も徐々に広がってきました。

また展開スピードの速さや多様な人材活用も大きな魅力だと感じています。僕たちがスピーディーに事業展開できている理由は、ビジネスとして持続可能な形をつくり、多くの関係者と信頼関係を築くことで協力者を集め、限りある資源を最大限効率的に活用しているからです。資金の調達もできるようになり、福祉や教育のプロだけでなく、経営、ＩＴ、マーケティング、営業などの優秀な人材が集まってくるようになりました。結果として、社会の課題への新しいチャレンジもできるようになりつつあります。

◉多様な学校を次々と誕生させたい

オランダで今、新しい学校のカタチが生まれていることはご存じでしょうか。オランダには、２００人ほどの生徒を集められることを証明できれば、誰でも学校を設立でき、政府からも支援を受けられる仕組みがあるそうです。その仕組みを活用し、２０１３年には「スティーブ・ジョブズ・スクール」という学校ができました。こうした形で新しい選択肢ができることで学校間でも健全な競争が起これば、教育の質も高まるでしょうし、多様な学校の中から子どもにあった教育を選べるような社会に近づくのではないでしょうか。

僕たち大人には、社会に出れば多様な職場があり、その中から自分にあった働き方を選ぶことができます。そして、働いてみて、もし自分に合わなかったら、ほかの職業や会社に自由に転職だってできます。転職の理由はさまざまで、もっと自分の個性が活きる職種にチャレンジしたいということもあれば、企業文化が苦手で転職することもあるでしょう。

でも、子どもたちが自分で学習環境を変えるのは困難です。

自分に合わない学習方法や自分に合わない校風であっても、ほとんどの子どもは今の学校に適応するしかないのです。その子の個性が壊れてしまうほど我慢して我慢して適応している子も多くいます。それと関係してか、不登校になっている子どもたちも10万人以上いるのが現状です。

僕は学校にも、もっと多様な選択肢が必要だと考えています。

たとえば、第1章で紹介したようなハンター特性のある子どもが主体性や行動力を存分に発揮できる「インディペンデンススクール」をつくって、集団行動よりも、独立した「個人」としての心構えを重視し、自分で目標（狙い）を定め、必要な学びすらも自ら獲得していく、そんなスタイルの教育も一つだと思います。そこからはきっと日本を代表するような起業家が続々と誕生するでしょう（僕もこういう学校であればそこそこ優等生になれたかもしれないのに、残念！）。

ワンダーのようにパソコンやインターネットが大好きな子どもが集まる「ＩＴ・ものづくり」学校も人気が出そうです。大好きなプログラミングやものづくりに没頭でき、それらを通して、国語や算数などの基礎力も身につけていける学校です。ほかにも、「科学」に重きを置いた学校や「小説やアニメ」に重きを置いた学校もあってもいいかもしれません。

もちろん、今の学校教育の良いところはたくさんあります。たとえば日本人の「規範」や「常識」のレベルの高さ。被災地で多くの人がボランティア活動をする、並んだ列に割り込みはしない、相手の気持ちを考えて行動できる……そういったことを大事にする文化は世界の国々と比較しても素晴らしい長所ですし、日本の教育の成果だと言っていいでしょう。

だからこそ、規範を守ることと多様な個性を伸ばすことの両立ができたなら、この国はもっと素晴らしい国になると思います。そのために、今とはまったく違う新たな学校や教育を発想していきたい。民間のビジネスの力を使えば、多様な才能を伸ばせる生態系を築いていくことができると考えています。

◉新たな市場を生み出す「ＬＩＴＡＬＩＣＯ発達ナビ」

もう一つ、ビジネスの力で重要な点は、新しい市場をつくり出せるというところにあります。一般的に市場をつくるというのは、利潤追求の目的で語られることが多いと思いますが、実は、社会の課題に取り組むにあたって、この市場づくりはとても重要な役割を果たしています。

僕たちが運営している「LITALICO発達ナビ」（以下、「発達ナビ」）を例にしながら説明していきましょう。

今、このサイトには多種多様なコンテンツが集まってきています。月間の訪問者は約120万人。発達障害の基礎情報、専門家のアドバイス、全国のママ・パパや専門家から回答を得られるQ&A、個性を活かして活躍する方々のストーリー、親御さんや大人の発達障害当事者などのユーザーが集うコミュニティ、全国の施設情報など、毎日情報が更新されているのです。

このサイトをオープンしてから急増しているのが、LITALICOと連携したいという企業からの問い合わせや相談です。たとえば、発達障害のお子さん向けの玩具を開発したいとか、旅行パッケージをつくりたい、新たなタイプの療育サービスを宣伝したい、障害者向けのスポーツ、障害者向けの保険サービス……。本当にさまざまな企業からご提案をいただき、一緒に企画を進めていけそうな案件も増えてきました。

これまでは、発達障害のある人やそのご家族に向けたサービス・商品は、ラインナップが少なく、価格は高く、デザインや品質が向上しにくい分野でした。理由は単純で、この分野は「市場がないから売れない」と企業に思われてしまっていたからです。

しかし、「発達ナビ」が月間１２０万人が集うプラットフォームになったことにより、多くの企業から注目を集め始めています。ようやく日本にもこの分野のサービスや商品を届ける方法が生まれたと認識していただけるようになった証拠です。「発達ナビ」をきっかけに、発達障害の困難を解消する商品・サービスが次々と出てくるでしょう。こうした商品・サービスが増えれば増えるほど、個別のニーズにあった解決策の選択肢が増え、「障害のない社会」はより現実的なものとなっていきます。

②「技術の力」で障害をなくす

ビジネスの力と同じくダイナミックな影響力を持つのが「技術の力」です。障害のある方々にとって、技術の進歩は大きな助けになっています。

たとえば、アイトラッカー（目の動きで文字を入力する装置）が登場したことで、重度身体障害で話すことができない方も言葉によるコミュニケーションが取れるようになったのと同じように、技術によってその方の生活が劇的に変わることがあるのです。

僕たちは、以前から次世代パーソナルモビリティ（一人乗りのコンパクトな移動機器）の「ＷＨＩＬＬ」に出資してきました。従来の電動車イスには非常に制限が多く、ちょっとした段差でも乗り越えることができず立ち往生してしまうことも少なくありませんでした。その点「ＷＨＩＬＬ」は通常の電動車椅子よりも高い段差を乗り越えることができ、特殊なタイヤでその場で回転して方向転換もでき、山道もある程度は登っていける馬力があります。実際、ＷＨＩＬＬに乗って高尾山の途中まで登ったという報告も受けています。

車椅子ユーザーの方々の一つの障害は、行動範囲を広げられる移動手段が世の中にないことにあります。身体に不自由があったとしても、軽快に移動できるかっこいい

一人乗りのコンパクトな移動機器「WHILL」に乗る男性（写真左）

車椅子があれば、１００m先のコンビニに出かけるのさえあきらめたくなるような生活から解放されるはずです。

僕たちはこうした技術を開発する方々を後押ししたり、その技術をサービスに取り入れたりしていくことで、障害のある方々をさらにサポートしていきたいと考えています。

◉人工知能で自殺やいじめを予防する

「技術の力」の中でもいま僕が最も注目しているのは、ＡＩ（人工知能）です。

僕たちは今、ＡＩを使って精神障害がある人の自殺の予兆や可能性の高まりを早期に発見する仕組みを構築し、自殺の予防につなげられないか実践を重ねています。まだ実験段階ではありますが、徐々に手応えを感じ始めています。

ワークスには、精神疾患の利用者の方が多く通っています。スタッフは、その方たちの発言やふるまいを「支援記録」としてテキストデータで日々残しているので、その内容をＡＩで解析すれば、自殺リスクの高まりを発見できるという仕組みです。

日本では、年間２万４０００人もの方が自ら命を絶っています（２０１５年統計）。自殺の予兆を発見できる専門家が世の中にたくさんいたら、自殺を防ぐ機会は劇的に増えるでしょう。けれども、そんな専門家を大量に養成するのは現実的には難しいことです。ＡＩには、こうした課題に対しての活躍が期待されています。

自殺の予兆を見極めるポイントは、主に、うつ状態、衝動性、不安・焦燥といった要素です。これらはワークスのスタッフが日頃から注意を払っている視点ですが、ＡＩであれば、膨大な記録の中からこれらの要素を分析し、スタッフとは別の角度から自殺の可能性を検知できるでしょう。

実際にワークスのとある事業所では、人工知能がアラート（警告）を出した利用者の方に対してスタッフが声を掛け、面談をしたことがあります。すると、その方からは「実は、めちゃくちゃな気分で、もう生きるのが嫌になってしまっていたんです」という言葉が漏れました。心配をかけまいと明るく振舞っていたようですが、タイミングよく面談ができたことで、少し落ち着きを取り戻し、その後の適切なケアにつながりました。

将来的にこの技術は、僕たちのところだけではなく、就労支援をしているすべての障害者向けの企業・団体に提供していきたいとも考えています。そうすることでビッグデータ（行動履歴など）が集まり、より精度を高めていくことができれば、日本全体で命を守る画期的なセーフティーネットとなるでしょう。

また、いずれは自殺に限らず、いじめを受けている子どもやうつ病の兆候の発見などにも応用できるのではないか、と想定しています。

◉技術が個性を支える時代

今、僕たちは、ＳＮＳのタイムラインに流れてくる投稿の内容や、ウェブサイト上で表示される広告の内容など、無意識のうちに自分の関心に最適化されたコンテンツをすでに享受しています。このように、情報やサービスが個人に最適化されていく流れは、今後さらに加速していくことでしょう。

また、これまで画一的だった学習のスタイルや働き方は、オンライン学習のシステムや、在宅ワークの普及に伴って、かなり多様な選択肢が生まれてきていると言えます。発達障害などの特性がある人にとって、こうした個別化や選択肢の多様化は、どちらかといえばありがたい時代の流れではないでしょうか。

たとえばクラウドソーシングと呼ばれるサービスでは、書類作成や名刺のデザイン、スケジュール管理など、さまざまな仕事を受注発注できるプラットフォームができつつあります。こうした仕組みが増えていくことで、自分の得意なことにより時間を割くことができるようになり、苦手なことはインターネットを通して得意な人に任せるようになっていく。苦手なことを克服して時間が経ってしまう前に、得意なことや好きなことに時間を費やせる。そんな社会がもう実現しつつあるのです。

将来的には、ここで紹介したような「多様な職業」と「多様な人の個性」とのマッチングにもＡＩの技術が活用されていくでしょう。未来にさまざまな活躍の仕方があることを教えてくれるシステムの存在は今、目の前にいる子どもたちの個性を、大人が希望を持って受け止めることにもつながると考えています。

③社会を変える「みんなの力」が集まってきた

ＬＩＴＡＬＩＣＯの求人募集に応募してくださった人数は、累計で10万人に到達しようとしています。それだけの方が障害のある方の力になりたいと考えてくれていると思うと嬉しくなります。

また、２０１５年に僕たちは自社研究機関「ＬＩＴＡＬＩＣＯ研究所」を設立し、鳥取大学大学院の井上雅彦教授を所長（アドバイザー）に迎えてさまざまな実証研究に取り組んでいます。ＬＩＴＡＬＩＣＯ研究所で募集した「サポート研究員」にも数百名ものエントリーをいただくなど、僕たちのビジョンに共感し、一緒に取り組む仲間は加速度的に増えています。

さらに、ＬＩＴＡＬＩＣＯの問い合わせ窓口には、全国からさまざまな声が届きます。親御さんだけでなく学校の先生、地域の支援者や親の会の方々からも、毎年3万件以上のお問い合わせをいただきます。

「わが町にも、発達障害のある子どもの教育の施設を作ってほしい。なぜもっと速く展開しないのか」

「もっと重度の障害者の支援も取り組むべきだ」

「学校にLITALICOの職員を派遣してほしい」

「研究成果をまとめ、LITALICOのノウハウを積極的に業界に広げてほしい」

「被災地の障害者支援をやってほしい」

ときにはお叱りをいただくこともありますが、それも含め、多くのご要望やご意見が届くようになりました。つまり、今のLITALICOには、どの地域でどんな課題があるのか、全国の困りごとの情報が集まると同時に、そういう困りごとを一緒に解決したいというサポーターも非常に多く集まるようになっているのです。僕たちはこのみんなの力を、日本全体を良くする力につなげていけるよう、さまざまな研究や政策提言活動を開始しています。

◉1ヵ月で3万人超の署名が集まる

では、僕たちの取り組みについて具体的な事例を紹介しましょう。

現在、多くの発達障害のある子どもたちは学校において個別のサポートを受けることができていません。**日本には発達障害の小中学生が70万人近くいると言われていますが、その中で、必要な個別支援を受けられているお子さんは10%ほど（※）**です。

実際にたくさんの親御さんとお話をする中でさまざまな問題がわかりました。たとえば通級指導を受けることを希望しているのに、その希望が叶わない子どもがたくさんいるということ。発達障害の子どもも〝待機児童〟になっているのです。

また、最も多くの声として挙がったのは特別支援学級や通級指導の質の問題です。要因の一つは、障害のある子どもに対する担当教員の知識や指導スキルの不足です。十分な研修機会が用意されていないことが多く、子どもたちも保護者も、そして先生も困惑しています。

※文部科学省初等中等教育局特別支援教育課、「通常の学級に在籍する発達障害の可能性のある特別な教育的支援を必要とする児童生徒に関する調査結果について」（平成24年12月5日）

加えて質に影響してくるのが指導態勢です。現在の**特別支援学級の子どもと先生の比率は8対1、通級指導では13対1**という比率になっています。

手厚いサポートの必要なお子さんが一人でもいれば、先生はその子に付きっきりになってしまいます。そうすると、ほかの子どもへの教育は地域のボランティアやパート職員の方に任せざるをえない状況になり、さらに指導の質が不安定になります。

この問題に対し、僕たちは志を同じくする保護者有志のみなさんとともに、「Change.org」というウェブサイトを通じて、「発達障害の子どもの個性に合った教育を！　学校現場で専門の知識を持った先生を増やしてください！」という署名キャンペーンを行いました。

結果として、キャンペーンサイトとＬＩＴＡＬＩＣＯのサービス利用者などを経由し、１ヵ月で3万人を超える署名を集めることができました。

集めた署名は、ちょうど本書を執筆している最中、保護者有志のみなさんとともに、松野博一文部科学大臣に手渡してきました。

もちろん、専門の知識を持った先生を増やすことだけが根本的な解決策だとは思っていません。

　変わらなければならないのは、決して学校だけではないはずです。本質的な目標は、**障害のある・なしに関わらず、社会全体として一人ひとりの子どもに合う教育**を実現できるようになることです。そのためにも、まずは障害のある子どもを対象にした「個別支援教育」の体制を整え、いずれはそれをすべての子どもたちに広げていくのが理想です。この大きなビジョンに向けて、まずは一歩ずつ挑戦して、さらに仲間を集めていきたいと考えています。

◉障害のない社会をつくるには「みんなの力」が必要

　実際に政策提言や社会運動をやって改めて感じたことは、社会を変えていくには、みんなの力が必要だということです。数多くの人たちが声を上げ、何が問題なのかを世の中のみなさんに理解してもらい、具体的にどういう解決策がいいのか、政治家や官僚のみなさんと一緒に考えていく必要があります。

　たとえば、僕は有識者のみなさんと連携して教育再生実行会議や一億総活躍国民会

写真左手前が著者。加藤勝信・一億総活躍担当大臣に「一億総活躍国民会議」の意見交換会で提言したときのもの　© 福祉新聞社

議で次のような提案をしています。

「発達障害のある子どもを早期発見・早期支援するために、小学校に上がるときの就学前検診に、発達障害の可能性を見極める項目を追加する」

「先生の指導力を上げるための研修充実や、各学校への専任スーパーバイザー一名の配置を進める」

「言語聴覚士など専門性のある外部人材が、教員免許がなくとも教育現場で活躍できる制度へ」

「ＩＣＴ（情報通信技術）を活用した、効率的かつ効果的な個別教育支援の充実」

「外出ができない発達障害のある子ども向けに訪問教育事業をつくる」

「時短や在宅就労など、多様な働き方を促進する障害者雇用制度へ」

しかし、そもそも政治家のみなさんが、こういう問題があることをご存じないこともありますし、仮に知ってもらったとしても、日本全体の財政が逼迫していく中で、優先順位を上げてもらう理由が必要なのです。

そのためには、この政策が実現できることによって
「どれだけたくさんの人の喜びにつながるのか」

「そもそも、今の苦しみは何が原因なのか？　もっとも効果の高い解決策は？」

といった情報をメディアでもしっかり報道してもらえるぐらいに多くの人が声をあげて伝えていかなければ、変化は起こせません。

そこまでやるなんて、もはや政治家の仕事ではないか、と思う方もいるかもしれませんが、「障害のない社会をつくる」というビジョンの実現は、それぐらいに難易度が高いことだと考えています。

そして、そういう難しいことに挑むからこそ「みんなの力」が必要なのです。政治

家や官僚のみなさんだけに任せておいて文句を言うだけではなく、彼らがより良い意思決定ができるよう、僕たちも当事者として行動することが大切だと考えています。

幸いなことに、ＬＩＴＡＬＩＣＯにはたくさんの協力者が集まってくれています。「みんなの力」には大きな可能性がある。日々活動を続けるごとに、その思いが強くなるばかりです。

◉人はちがう。それでいい。そこからはじまる。

ここまでたくさんのエピソードを紹介してきました。
バッハが大好きで、自分にぴったりの学び方を見つけたショウタくん。
子どもたちから「師匠」と慕われ、不登校から自信を取り戻したユウマくん。
精神障害からの失職後、自分にぴったりの天職を見つけたナカムラさん。
今回は紹介しきれませんでしたが、ほかにも本当に多様な活躍をして、自分らしい人生を歩みだしている人が多くいます。

人はみんな、誰一人として同じではなく、それぞれに個性を持って、かけがえのない人生を歩んでいるのです。それにも関わらず、今の社会にその「違い」を十分に活かしきる仕組みができていないのは、とてももったいないことだと考えています。

生き方も、幸せも、決して一つではなく、人それぞれ。だからこそ、別々の個性が出会い協力し合うことで、想像できなかった未来もきっと生まれてくる。そんな考えを世の中すべての人の当たり前にしたい。それがＬＩＴＡＬＩＣＯの思いです。

ただ、そんな未来を実現したくても、第１章の僕自身のエピソードでもお話ししたように、人と違っていることで苦労や悲しい思いしかしていなかったら、なかなか希望を持つことはできません。

大切なことは、一人ひとり違うことを前提に、目の前の「そのひとり」の挑戦をせいいっぱい応援すること。そして、

「人と違うことが喜びや幸せにつながった」

「人と違って良かったんだ」

そう感じられるような機会を、社会のあちこちにつくっていくことです。

学ぶ場面においても、働く場面においても、生活場面においても、一人ひとり違っていることが前提になっている社会。ありとあらゆる場面で「人との違いで苦しまない」、それどころか、むしろ「人との違いが力になる」そんな経験が当たり前にできるようになれば、みんなが自分の個性に誇りを持ち、自分らしい道を歩んでいける社会が実現できると考えています。

これを実現することは難しいと思われるかもしれませんが、僕にとっての焼肉屋のオーナー夫妻や、ＡＫＩさんにとってのお父さんのように、**身近な誰か一人だけでも、その子の可能性をとことん信じてあげるだけで人生は大きく変わる**のです。僕は身をもってそれを実感しました。

人はちがう。
それでいい。
そこからはじまる。

　この言葉を聞いたときに、誰もが「うん、そうだ」「その通りだ」と心から思える社会をつくりたい。今、障害があるとされている人も、そうでない人も、すべての人が自分の個性に誇りを持ち、安心してありのままの自分でいることができる。そして、一人ひとりが希望を持って、自分らしい道を歩んでいける。そんな社会をつくることが、僕たちの目標です。

あとがき

ここまで読み進めてくださったみなさん、どうもありがとうございました。

本書が、発達障害のあるお子さんと関わるヒント、また障害のある大人の支援、さらには、障害のない社会をつくるという可能性について考えるきっかけになれば幸いです。


さて、最後に何を書こうか迷いましたが、自分の生い立ちを整理したり、LITALICOの事業やその可能性をまとめたりしながら、自分がこれまでどれだけ多くの人に支えられ、迷惑をかけ、そしてどれだけ多くの愛情をかけてもらっていたのかが改めてよくわかりました。

結婚式の最後のスピーチのようで少し恥ずかしいのですが、この場を借りて、お世話になった方々にお礼を述べたいと思います。

障害のない社会をつくること——これは僕がどうしても実現したい人生の目標です。人生を捧げてもいいと思える目標が得られたこと、そして、そんな目標に向けてともに頑張ってくれる素晴らしい仲間と出会えたことに、まずは心から感謝しています。

そして、ここまで僕を導いてくれた両親に、特に感謝しています。

本当にありがとう。

31年前に僕が生まれてから今日に至るまで愛情いっぱいに育ててもらいました。そのおかげで、今、毎日ワクワクしながら自分らしい人生を歩むことができています。

小さな頃から僕は、長谷川家の家訓として「誰からも借金をしないこと」と聞かされてきました。でも、僕がＬＩＴＡＬＩＣＯの社長を引き受けるにあたって、どうしてもお金が必要で、借金をしなければならなかったとき、何も言わずに「応援する」とだけ言って、お金を貸してくれたこと、今でも忘れません。

それだけではありません。家具を持ち出して山に秘密基地をつくってしまったときも、カエルやヘビを飼うときも、川に入りながらの登下校も、ロボット型の扇風機をつくるときも、町で化石を取るときも、野球をやるときも、スキーのときも、卓球も、空手も（1週間で辞めたけど）、柔道も、受験勉強も、経営の専門学校のときも（すぐに退学したけど）、東京に行くときも、社長になるときも……。数え挙げたら切りがないぐらいにたくさん挑戦をさせてもらいました。父が20年間いつも同じ服、同じ靴を履いていたのは、もしかして僕のせいだったかな？と最近になって思います（笑）。

僕はやりたいことが多い一方で、買ってもらったものはその日に壊し、飽きたとたんに途中で投げ出し、また新しいことに目移りする子どもでした。でも、僕が「やりたい！　挑戦したい！」と言ったことを両親はまるごと受けとめ、全部応援してくれました。僕自身も、育った環境と同じぐらい愛情いっぱいの家庭を築きたいと思っています。そんなふうに思わせてくれてありがとう。

また、おじいちゃん、おばあちゃん、叔父さん、叔母さんにも、とても大切に育ててもらいました。おばあちゃんには感謝を伝えられないまま亡くなってしまいましたが、長谷川家はおばあちゃんを筆頭に、みんないつも明るく笑顔が絶えない家族で、優しい家族にいつも囲まれて育てられたことが、僕自身の心の支えになっていたと今改めて感じます。

焼肉屋のパパさん、ママさん。僕を本当の家族のように迎え入れ、愛情を注いでくれたことがどんなに嬉しかったか。世界が広いことを教えてくれ、僕以上に僕の可能性を粘り強く信じてくれたおかげで、僕は自分の個性が大好きになって、気がつけば、想像もしていなかった最高の人生になりました。

地域のみなさんにもお礼を申し上げたいです。僕は道路に飛び出しては怒られ、家出しては連れ戻され、悪いことをしたらビンタをされ……。それでも、最後には、笑顔を向けてもらったことをよく覚えています。野球の監督やコーチもみなさん、ボランティアで教えてくれました。地域みんなで子育てをしてくれたことに感謝しています。

また、こんな僕と一緒に挑戦してくれているＬＩＴＡＬＩＣＯのみなさん。僕のありのままの個性を受けとめ、ときにおもしろがり（笑）、うまく活かしてくれてありがとう！　苦手なことも多いけれど、みなさんが温かくサポートしてくれるおかげで、ここが僕の生きる場所だと心から思えます。もっと頑張るので、これからもよろしくね！

僕たちの当面の目標としては、まずはＬＩＴＡＬＩＣＯに接すれば、教育、就労、生活などのさまざまな面で障害のない社会が開けてくる、そんな世界観を生み出していくことです。

障害のある人たちがＬＩＴＡＬＩＣＯに出会ったら安心と希望が持てる。もう大丈夫、これから楽しい人生になっていく。そんなふうに思ってもらえる力強いサービスをつくり出したい。

そして、すべての人が自分の個性に誇りを持ち、自分らしく生きていける社会、すべての人が幸せになる社会を築いていきたい。

まだまだ道半ばというより1%もビジョンを達成できていないという感覚ですが、これからも僕らしく、LITALICOらしく、挑戦を続けていきたいと思っています。

著者略歴

長谷川 敦弥 (はせがわ　あつみ)

1985年生まれ。2008年名古屋大学理学部数理学科卒業。2009年8月に株式会社LITALICO代表取締役社長に就任。「障害のない社会をつくる」というビジョンを掲げ、障害のある方に向けた就労支援サービスを全国58カ所、発達障害のある子どもを中心とした教育サービスを全国70教室、小中学生にプログラミングを教える「IT×ものづくり」教室や、子育て中の親に向けたインターネット・メディアも展開。幼少期の教育から社会での活躍までワンストップでサポートする独自の仕組みを築いている。同社は、従業員数1500人、年間約3万人の応募を集める就職人気企業に成長。2016年3月、東証マザーズに上場。企業理念は「世界を変え、社員を幸せに」。

監修者略歴

野口 晃菜 (のぐち　あきな)

インクルーシブ教育研究者。障害の有無によらず、多様なニーズのあるすべての子どもに対応できる教育システムである「インクルーシブ教育」を研究する。小学校講師・杉並区教育ビジョン策定委員などを経て、筑波大学大学院博士課程において、アメリカのインクルーシブ教育の研究に取り組むとともに、学校などの教育現場で「どの子も自分らしく学べる教育」を実現するための教員・指導員向け研修や育成に携わる。LITALICO研究所 副所長。

SB新書　373

発達障害《はったつしょうがい》の子《こ》どもたち、「みんなと同《おな》じ」にならなくていい。

2016年12月15日　初版第1刷発行

著　者　長谷川《はせがわ》 敦弥《あつみ》

監修者　野口晃菜

発行者　小川 淳

発行所　SBクリエイティブ株式会社
〒106-0032　東京都港区六本木2-4-5
電話：03-5549-1201（営業部）

装　幀　長坂勇司（nagasaka design）

執筆協力　米川青馬
佐治彩子
渡辺龍彦（「Conobie」編集長）
鈴木悠平（「LITALICO発達ナビ」編集長）

組　版　アーティザンカンパニー

印刷・製本　大日本印刷株式会社

ISBN 978-4-7973-8975-3